AF546810

Gabriele Frankemölle

DAS Slow Cooker GRUNDKOCHBUCH

Alles Wissenswerte rund um das Niedertemperaturgaren im elektrischen Schmortopf

Bassermann

VORWORT

»Damit werden unsere Kinder noch den Kamin heizen«, unkte mein Mann 2012, als ich den Vor-Vorläufer dieses Buches in Eigenregie als mein erstes Slowcookerbuch drucken ließ.

Selten hat es mir so viel Spaß gemacht, ihm das Gegenteil zu beweisen: Hier halten Sie die vierte Komplettüberarbeitung in den Händen und das Projekt hat sich von einer Ringbuch-Broschüre zu einem ausgewachsenen Kochbuch gemausert. Mit dem Bassermann-Verlag habe ich einen namhaften Partner gefunden, der das Thema Schongaren jetzt in die Buchhandlungen bringt.

Es freut mich, dass ich schon so viele Leser vom Langsamkochen überzeugen konnte, und auch Ihnen werden die bewährten und neuen Rezepte hoffentlich Freude bereiten – selbst wenn Ihnen Kochen sonst keinen großen Spaß macht oder Sie kaum Zeit dafür finden. Aber das ist ja das geniale Prinzip des Slowcookers: Er kocht aus frischen Zutaten Eintopf, Schmorgerichte oder sogar Aufläufe und Desserts, ohne dass Sie dabeistehen müssen.

In diesem Sinne: Genießen Sie die freie Zeit, die Ihnen der Slowcooker verschafft und die leckeren Ergebnisse!

Inhalt

DIE REZEPTE

ONECONCEPT
HIGH
LOW
AUTO
OFF

DAS PRINZIP SLOWCOOKER

So funktioniert es

Slowcooker, Schongarer – Crockpot: Gibt's da einen Unterschied? Eigentlich nicht. Slowcooker ist der allgemeine Name des Gerätes, Crock-Pot® die Bezeichnung, die sich Hersteller Rival hat schützen lassen – also so ein bisschen wie »Nuss-Nugat-Creme« und »Nutella®«. Ich verwende in diesem Buch mal diesen, mal jenen Begriff und meine jeweils dasselbe!

Vielleicht sind Sie ja schon Slowcooker-erfahren – dann dürfen Sie dieses Intro gern überlesen und mit den Rezepten auf Seite 35 starten. Falls Sie bisher noch keinen Slowcooker Ihr Eigen nennen, sollten Sie jedoch ein paar Minuten Zeit investieren, um sich mit dem Prinzip Langsamkochen zu befassen.

KOCHEN IN ZEITLUPE

Ein Slowcooker kocht quasi in Zeitlupe. Man bereitet also die Zutaten vor, gibt sie in den Einsatz, setzt den Deckel auf und wählt die passende Heizstufe. Und erst nach vier, sechs oder acht Stunden – Rindfleisch oder Pulled Pork brauchen manchmal sogar 10 bis 12 – ist das Essen fertig.

Der Garprozess dauert so lange, weil sich die Hitze aus der elektrisch beheizten Slowcooker-Hülle nur ganz langsam auf die Speisen im Gareinsatz überträgt. Selbst nach einigen Stunden sieht es immer noch so aus, als ob im Topf gar nicht großartig etwas passiert – meistens köchelt es nur am Rand ganz leicht. Der schonende Garvorgang sorgt für sehr aromatische Saucen, zartes Fleisch und – entgegen aller Erwartungen – perfekt gegartes Gemüse.

KANN MAN DAS GERÄT WIRKLICH ALLEIN LASSEN?

Auch wenn Slowcooker-Neulinge sich das anfangs nicht trauen: Man kann den Topf wirklich viele Stunden ohne Aufsicht lassen, wenn man zum Beispiel im Büro oder an der Uni ist. Oder man zwischendurch einkaufen muss. Oder die Kinder von der Schule abholt. Oder, oder, oder… Solange die Füllmenge stimmt und genug Flüssigkeit im Topf ist, brennt im Slowcooker nichts an. Man muss auch nicht umrühren, denn die Flüssigkeit, die vom Deckel in den Topf zurück tropft, sorgt quasi von selbst für Zirkulation im Topf.

WELCHE REZEPTE KANN ICH IM SLOWCOOKER UMSETZEN?

Im Schongarer gelingen all die Gerichte sehr gut, die auch auf dem Herd langsam garen: zum Beispiel Suppen und Eintöpfe, Gemüsecurrys oder Bratenstücke. Auch gedämpfte Desserts oder Aufläufe wie Lasagne lassen sich gut zubereiten. Eine dunkle Kruste entsteht zwar nicht, aber dafür besonders intensive Aromen und nichts wird trocken.

Mehr Informationen zum Schongaren, Gerätetests und weitere Rezepte finden Sie auch auf meiner Homepage slowcooker.de.

WAS DER SLOWCOOKER KANN

& was nicht

Für mich gibt es nur zwei Gründe, ein Thermometer in Kombination mit dem Slowcooker zu verwenden: Wenn Sie die Kerntemperatur von großen Fleischstücken messen wollen oder vermuten, dass Ihr Topf so langsam ist, dass er keine bakteriensicheren Temperaturen erreicht. In dem Fall sollten Sie einen Einsatz zu 2/3 mit kaltem (nicht eiskalten) Wasser füllen und 8 Stunden auf LOW stellen. Hat das Wasser danach keine 75 °C, sollten Sie den Topf nicht verwenden.

Manchmal kommt mir meine Webseite slowcooker.de vor wie ein Kummerkasten für Schongar-Neulinge. Dass dieses Kochbuch entstanden ist, hat nicht zuletzt seinen Grund darin, dass dort immer wieder Grundsatzfragen eintrudeln.

Zum Beispiel solche:

Mail A: *»Hallo, ich bin neue stolze Besitzerin eines Slowcookers. Ich suche Rezepte, die komplette Menüs sind. Das heißt: Fleisch mit Gemüse und Beilagen. Aber vieles muss in der Pfanne vorgebräunt werden, und die Beilagen kochen im Slowcooker nicht mit.«*

Mail B: *»Ich habe mir jetzt auch einen Slowcooker zugelegt. Frage: Hast du schon mal Roastbeef darin gemacht, im Kern rosa und nicht durch? Wie lange dauert das?«*

Antwort: Rosa Roastbeef oder ganze Menüs im Crocky? Tut mir leid, das Gerät kann weder braten noch Wunder vollbringen. Seine Stärken sind Suppen, Eintöpfe, Schmorgerichte mit und ohne Fleisch sowie gedämpfte Speisen. Alles, was starke, trockene Hitze benötigt (zum Beispiel besagtes Roastbeef, Steaks, Bratkartoffeln), gehört zumindest zum Anbraten in Pfanne oder Backofen. Alles, was sanfte Hitze und Flüssigkeit mag, gewinnt im Slowcooker – und das sind eine Menge Gerichte.

DIE 10 WICHTIGSTEN SLOWCOOKER-PLUSPUNKTE

- Der Schongarer arbeitet gewissenhaft und selbsttätig, denn nach dem Befüllen erfordert er über Stunden wenig bis gar keine Aufmerksamkeit.

- Man kann ihn beruhigt stehen lassen und die Wohnung verlassen.

- Seine Garzeiten sind ideal, um ihn morgens anzustellen und zum Abendessen etwas Warmes auf dem Tisch zu haben.

- Er verbraucht weniger Strom als der Backofen und nur etwas mehr als eine 100-Watt-Glühbirne.

- In den großen 6,5-l-Slowcooker passen Zutaten für etwa acht Portionen. Das vereinfacht das Kochen für Gäste oder die Vorratshaltung.

- Suppen und Eintopfgerichte gelingen hervorragend, Fleischgerichte und Braten werden superzart.

- Saucen schmecken sehr aromatisch, Gemüse zerkocht nicht.

- Das langsame Kochen ist unkompliziert: Rouladen müssen nicht gewickelt werden, Umrühren entfällt meist, Anbrennen gibt es bei passender Füllmenge nicht.

- Vorarbeiten ist möglich: Man kann Zutaten am Abend zuvor schnippeln, den Einsatz bereits füllen und alles kühl stellen.

- Bei vielen Gerichten ist das Anbraten von Fleisch nicht notwendig, sagt der Pragmatiker in mir. Das gilt vor allem, wenn das Fleisch in gemüsiger Sauce gart.

DIE 10 MINUSPUNKTE, DIE SIE KENNEN SOLLTEN

- Der Schongarer erfordert die Einhaltung von zunächst ungewohnten Kochregeln, etwas Disziplin und Organisation.

- Wer mittags seiner Familie etwas Warmes servieren will, muss den Topf früh morgens anstellen.

- Schmoren (also langsames Garen mit mehr oder weniger Feuchtigkeit) und eingeschränkt auch Dämpfen sind die einzigen Kochtechniken, die der Topf wirklich gut beherrscht.

- »Eine ganze Mahlzeit aus einem Topf" – das funktioniert nur bei Suppen, Eintöpfen und Aufläufen. Beilagen müssen separat gekocht werden.

- Da der Einsatz immer halb gefüllt sein sollte, ist selbst der kleine 3,5-l-Crocky für einen 2-Personen-Haushalt zu groß, es sei denn, man möchte etwas einfrieren.

- Vorarbeiten ist nötig. Viele Rezepte erfordern Zeitplanung sowie möglicherweise Anbraten und Vorgaren.

- Der Slowcooker erfordert Einarbeitungszeit. Dass Fleisch schneller gar wird als Kartoffeln oder dass Sahne zu unappetitlichen Flocken zerfallen kann, muss man erst einmal lernen.

- Wer seine Lieblingsrezepte für Herd oder Backofen für den Slowcooker anpassen möchte, muss selbst die richtigen Garzeiten ausprobieren, eine Hilfe dazu finden Sie auf Seite 29.

- Bei vielen Gerichten ist das Anbraten von Fleisch sehr wohl notwendig, sagt der Ästhet in mir. Die Bräune sieht appetitlicher aus, die Röststoffe sorgen für Extra-Geschmack.

Gerätekunde

FUNKTIONEN & FINESSEN

Überlegen Sie noch, ob Sie sich einen (weiteren) Schongarer anschaffen? An den Kosten dürfte das Vorhaben sicherlich nicht scheitern: Die einfachsten Töpfe kosten gerade einmal 40 Euro, die digitalen mit Zeitschaltuhr ab 50. Teurer (100 bis 250 Euro) sind Multifunktionsgarer, die auch anbraten, unter Druck kochen, Reis garen und sich programmieren lassen. Markengeräte und No-Name-Töpfe werden fast alle in Fernost hergestellt, verfügen aber in der Regel über deutsche Stecker.

Grundsätzlich unterscheiden sich die Geräte in

- **Größe** – von 1,5 bis 8 Liter
- **Bedienung** – manuell vs. digital
- **Einsatz** – Keramik vs. Metall
- **Temperaturstufen** – circa vs. gradgenau

Im Folgenden stelle ich Ihnen Funktionen und Features vor, so dass Sie für Ihr Erst- oder Zweitgerät die richtige Wahl treffen.

WELCHE TEMPERATURSTUFEN HABEN SLOWCOOKER?

Eigentlich alle Slowcooker verfügen zumindest über LOW- und HIGH-Einstellung. Im Idealfall gart erstere bei etwa 75 bis 80 Grad, letztere sollte zwischen 85 und 90 Grad betragen. Besitzt Ihr Topf eine MEDIUM-Garstufe, liegen Garzeit (und Temperatur) irgendwo zwischen LOW und HIGH.

Manchmal finden Sie auf den Schaltern auch noch die Bezeichnungen (KEEP) WARM (eine Warmhaltestufe bei etwa 65 Grad) und AUTO. Diese Automatik-Stufe bedeutet allerdings bei jedem Hersteller etwas anders, grundsätzlich aber eine Art »Ankochen« auf HIGH (für eine oder zwei Stunden) und anschließendes Umschalten auf LOW. Bitte schauen Sie für die Details in die Betriebsanleitung Ihres Topfes.

WELCHE TOPFGRÖSSE IST RICHTIG FÜR MICH?

Slowcooker arbeiten am besten, wenn sie mindestens zur Hälfte gefüllt sind. Den größten verfügbaren Topf frei nach dem Motto »Bigger is better« zu kaufen, funktioniert daher nicht.

Nehmen Sie also Ihre Familiengröße, Ihre Koch- und Lebensgewohnheiten unter die Lupe und entscheiden Sie sich für die ideale Topfgröße.

Töpfe von Crock-Pot® in klein (2,4 l, rechts) und mittel (3,5 l), alle digital gesteuert und mit Keramikeinsatz. Dieser und andere Hersteller bieten außerdem noch 6,5 l-Töpfe für den größeren Haushalt an, manuell geschaltete und welche mit Anbrateinsatz.

1,5-, 2- oder 2,4-Liter-Geräte

... sind die Minis der Slowcookerwelt. Sie eignen sich für 1- oder 2-Personen-Haushalte, denen die Lust oder Möglichkeit fehlt, Reste aufzuwärmen. Ich koche oft Saucen, Süßspeisen oder Chutneys darin, von denen man nur kleine Mengen benötigt.

3,5-Liter-Geräte

... eignen sich am besten für kleinere Haushalte. Familien bis zu vier Personen kochen darin Mengen für eine Mahlzeit. Singles oder Paare können eine Hälfte des Gerichtes gleich verzehren und den Rest zum Aufwärmen oder Einfrieren einplanen.

Wer den Schongarer zum Kuchenbacken verwenden möchte, wählt bevorzugt ein ovales 3,5-l-Gerät. Bei den meisten größeren Geräten passt selbst bei größerer Teigmenge das Verhältnis von erwärmter Topfwand zu nicht-erwärmter »Mittelfläche« nicht, um Kuchen vernünftig zu garen.

5- bis 5,7-Liter-Geräte

... sind ein Mittelding zwischen kleinem und großem Topf. Die runden Vertreter sind wegen ihrer Form mehr für Suppen, Eintöpfe und geschnetzeltes Fleisch geeignet – in die rechteckigen passen auch große Bratenstücke.

6,5-Liter-Geräte

... sind die richtige Wahl, wenn regelmäßig mehr als vier bis sechs kräftige Esser am Tisch sitzen. Selbst Chili für 12 Personen habe ich schon so zubereitet – der Topf war dann allerdings fast randvoll und die Garzeit entsprechend länger.

Kleinere Familien betreiben mit einem großen Topf Vorratswirtschaft nach dem Motto »Einmal kochen – zweimal essen«. Auch Fonds und Brühen lassen sich im großen Slowcooker sehr gut auf Vorrat herstellen.

Und dann wären da noch...

... die diversen 3,0-, 4,7- oder sogar 8-l-Geräte ebenso diverser Hersteller, manchmal eckig (Multikocher), manchmal oval. Auch die passen möglicherweise ganz genau zu Ihrer Familiengröße bzw. Ihren Essgewohnheiten. Aber: Sie werden vermutlich nirgendwo Rezepte finden, die von Mengen und Zeiten auf diese seltenen Gerätegrößen ausgelegt sind. Das bedeutet: Sie müssen umrechnen, um auch hier den Idealzustand »halb bis zwei Drittel gefüllt« zu erreichen. Aber keine Sorge: Das haben Sie schnell heraus! Umrechnungstabellen zu Rezeptmengen finden Sie auf Seite 33.

MANUELLE STEUERUNG ODER LIEBER DIGITAL?

Viele Slowcooker haben nur einen einfachen Schalter, den Sie auf die gewünschte Temperaturstufe drehen. Solche manuellen Basismodelle sind günstig, können kaum kaputt gehen und sind ein idealer Einstieg in die Welt des Langsamkochens. Ich besitze zum Beispiel ein einfaches Gerät mit 6,5 l Fassungsvermögen, das mir seit fast 15 Jahren Brühe und Suppen (siehe Foto Seite 8) kocht.

Ein manueller Topf lässt sich mit einer simplen Zeitschaltuhr aus dem Baumarkt aufrüsten. Dann sind Sie auch bei einem Job mit unregelmäßigen Arbeitszeiten auf der sicheren Seite.

Digitale Slowcooker mit Programmiermöglichkeiten kosten in der Regel (erheblich) mehr als manuelle Töpfe. Dafür stellt Ihnen die Automatik den Topf wahlweise an oder aus, »kalkuliert« Kochdauer nach Zutatengewicht und/oder schaltet nach Garzeitende selbsttätig um auf KEEP WARM.

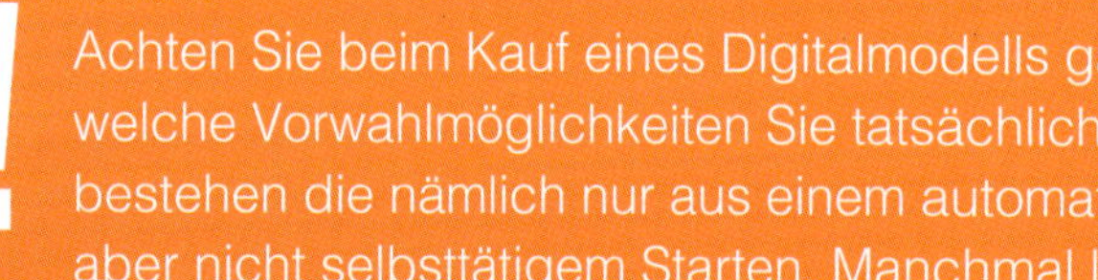

! Achten Sie beim Kauf eines Digitalmodells ganz genau darauf, welche Vorwahlmöglichkeiten Sie tatsächlich haben! Manchmal bestehen die nämlich nur aus einem automatischen Ausschalten, aber nicht selbsttätigem Starten. Manchmal lassen sich bestimmte Mindest- oder Maximalgarzeiten nicht ändern (ungünstig für Kuchen oder Knochenbrühe), manchmal ist kein KEEP WARM möglich.

WELCHER TOPF-EINSATZ IST DER BESTE?

Das lässt sich pauschal nicht beantworten. **Keramikeinsätze** sind langlebig, stabil (wenn man sie nicht gerade fallen lässt), die meisten dürfen in die Spülmaschine oder zum Überbacken in den Backofen. Zutaten anbraten kann man in ihnen natürlich nicht. Das erledigt man in einem separaten Topf auf dem Herd und hat dann zusätzlichen Abwasch.

Daher entscheiden sich viele KäuferInnen für einen **Topf mit Anbratfunktion** – eine etwas missverständliche Bezeichnung. Denn Sie können nicht im Slowcooker anbraten, sondern entnehmen stattdessen den Innentopf, der aus teflonbeschichtetem Metall besteht. Den stellen Sie auf den Herd, braten an und setzen anschließend den Einsatz zum Langsamgaren zurück ins Gerät. Die Teflon-Innentöpfe ersparen Abwasch, bräunen aber nicht besonders, funktionieren meist nicht auf Induktion, und die Beschichtung hat sich bei vielen Nutzerinnen als kratzempfindlich erwiesen. Eine Ausnahme bilden die (teuren) Duraceramic-Einsätze des Herstellers Crock-Pot®, die etwas schwerer und unempfindlicher sind.

Richtiges Anbraten bei hohen Temperaturen direkt im Gerät ermöglichen **Multigarer** diverser Hersteller. Solche X-in-1-Geräte haben -zig Kochmodi: Reiskochen, Anbraten, Dämpfen, Druckgaren, Langsamgaren. Sie verbrauchen allerdings auch mehr Strom als ein traditioneller Slowcooker und kochen manchmal recht heftig. Als robust habe ich den Edelstahleinsatz des Instant Pot® Multigarers erfahren.

Slowcooker-
Kochpraxis
andrewJames
OFF HIGH LOW AUTO

ZUTATEN IM SLOWCOOKER

Tipps & Tricks

Fleisch
Gerade günstige, durchwachsene Stücke Rind- oder Schweinefleisch (Hals, Schulter, Brust) sowie Zuschnitte mit Knochen (Koteletts, Rippchen) werden im Slowcooker sehr zart. Allerdings geben sie auch eine ganze Menge Fett an die Sauce ab (siehe Abschnitt »Entfetten« auf Seite 27). Mein Eindruck: Fettere Stücke gelingen auf LOW etwas besser, magere Stücke bleiben auch auf Stufe HIGH saftig. Garen Sie Gemüse mit dem Fleisch, benötigen Sie etwas mehr Flüssigkeit im Topf als für Fleisch solo.

Geflügel
Geflügel gelingt sehr gut im Slowcooker. Aber vor allem weißes Fleisch (Brust) wird trocken, wenn es zu lange schmort. Hier sollten Sie also etwas genauer auf die Garzeiten achten und diese nicht erheblich überschreiten. Entfernen Sie die Haut, wenn Sie Saucen und Fonds nicht so fett mögen. Ich persönlich finde Keulen ohne Glibberhaut (sie wird im Schongarer ja nicht kross) ohnehin appetitlicher. Kleinere Geflügelarten (Hühnchen, Ente) lassen sich im Ganzen zubereiten.

TIPP
Bei Garstufe HIGH kommt es gelegentlich vor, dass es im Topf leicht köchelt. Das Fleischeiweiß gerinnt dadurch und die Sauce sieht leicht »grieselig« aus. Möchten Sie das vermeiden, garen Sie auf MEDIUM oder LOW – oder halten Sie später den Zauberstab in die abgegossene Flüssigkeit und quirlen Sie sie glatt.

Fisch & Meeresfrüchte

Das zarte Fischfleisch gart schnell und verträgt kein stundenlanges Schmoren. Geben Sie Fischwürfel, Shrimps oder Muscheln erst in den letzten 30 Minuten zum Gericht oder in die gewünschte Sauce und stellen Sie den Topf auf HIGH. Ja, das reicht zum Garwerden!

Nudeln

Nudeln werden bei zu langer Garzeit und zu viel Flüssigkeit schnell matschig. Daher sollten Sie bei One-Pot-Pastagerichten öfter »testessen«. Die besten Ergebnisse erzielen Sie, wenn Sie die Pasta auf dem Herd vorkochen und nur noch 15 Minuten auf HIGH im Gericht heiß werden lassen (zum Beispiel bei Nudelsuppe).

TIPP

Verwenden Sie übrig gebliebene Pasta und Reis vom Vortag als Einlage in Suppen oder Eintöpfen, die diese Zutat erfordern. So müssen Sie nicht extra einen weiteren Topf anstellen und verwerten gleichzeitig Ihre Reste.

Reis

Reis gelingt am besten mit Parboiled-Reis (in One-Pot-Reispfannen). Genau wie Pasta ist Reis empfindlich, was die Kochzeit angeht. Als Beilage koche ich Reis pur immer auf dem Herd, nicht im Slowcooker. Milchreis wird recht kurz auf Stufe HIGH gegart, LOW funktioniert hier nicht so gut.

Gemüse

Wurzelgemüse (Karotten, Sellerie, Rüben) und Kartoffeln benötigen im Slowcooker die längste Garzeit – länger als Fleisch! Schneiden Sie die Gemüsestücke also entsprechend klein. Blanchierte Erbsen und Blattgemüse wie Spinat vertragen langes Kochen nicht gut, geben Sie sie in den letzten 30 Minuten hinzu. Gut gelingen besagtes robustes Wurzelgemüse, grüne Bohnen, Kürbis, Kohl. Grüner Paprika kann im Slowcooker bitter werden – bei rotem oder gelben passiert das nicht.

TK-Gemüse & -Obst

TK-Gemüse und -Obst unaufgetaut verwendet, verlängern die Garzeit um ein bis zwei Stunden. Bedenken Sie dabei auch, dass anhaftende Flüssigkeit im Gericht landet und vermindern

Sie die Flüssigkeitsmenge entsprechend.

Milchprodukte

Bei langem Garen auf Stufe LOW können Milch, Sahne, saure Sahne, Crème fraîche & Co ausflocken. Um das zu verhindern, geben Sie Milchprodukte erst in den letzten 30 Minuten hinzu. Bei Kondensmilch, Kochsahne und fertigen Dosen-Cremesuppen besteht keine Gefahr des Ausflockens. Milchreis siehe unter dem Stichwort Reis.

Säurehaltige Zutaten

Wein, Zitronensaft, Essig und auch passierte Tomaten enthalten Säuren, die Fleisch beim Kochen im Slowcooker butterweich machen – daher finden Sie solche Zutaten häufig in den Rezepten. Schmecken Sie Saucen 30 Minuten vor Garzeitende eventuell mit einer Prise Zucker ab.

Frische Kräuter

Frische Kräuter werden beim Langsamgaren grau und verlieren ihr Aroma, wenn sie gleich am Anfang hinzugegeben werden. Ausnahme sind robustere Arten wie Rosmarin und Thymian. Empfindliche Sorten wie Basilikum, Petersilie, Kerbel und Estragon fügen Sie frisch gehackt erst ganz am Ende hinzu.

Getrocknete Kräuter

Getrocknete Kräuter schmecken mit zunehmender Gardauer immer intensiver. Verwenden Sie sie also sparsamer als üblich. Auch bei Knoblauch und Chili ist Vorsicht geboten – beginnen Sie auch hier mit kleineren Mengen und würzen Sie am Schluss nach.

Hülsenfrüchte
IM SLOW-COOKER GAREN

Das sanfte Garen in Kochflüssigkeit ist ideal für die gesunden, günstigen, getrockneten Hülsenfrüchte. Allerdings bereiten mir die Garzeiten Probleme. Manchmal brauche ich viel länger als im Rezept angegeben – vermutlich weil gerade ungebräuchlichere Arten wie Kichererbsen oder Schwarzbohnen in deutschen Supermärkten oft überlagert sind. Sie werden dann nur schwer weich. Damit Sie verlässliche Kochzeiten haben und das Rätselraten entfällt, habe ich Tipps zusammengestellt und eine Garzeittabelle geschrieben.

- Hülsenfrüchte (bis auf geschälte Sorten, rote Linsen sowie Spalterbsen) über Nacht in kaltem Wasser einweichen.
- Das Einweichwasser nicht zum Kochen verwenden, sondern abgießen.
- Rote Bohnen auf dem Herd fünf Minuten sprudelnd vorkochen, denn sie enthalten besonders hohe Mengen eines giftigen Eiweißstoffes. Weitergaren im Schongarer ist möglich.
- Kurz ankochen und dann über Nacht stehen lassen (statt nur einweichen) empfiehlt sich, wenn Bohnen zusammen mit anderen Gemüsesorten (Möhren, Zwiebeln, Kartoffeln) gegart werden. Dann werden alle Zutaten gleichzeitig weich.
- Hülsenfrüchte bevorzugt auf HIGH kochen. Die Kochzeit auf LOW ist oft unpraktisch lang.
- Beim Garen reichlich Flüssigkeit zugeben, sodass die Bohnen jederzeit davon bedeckt sind.
- Salz, Zucker und säurehaltige Zutaten (Essig, Tomaten, Wein) verhindern das Weichwerden, also erst nach dem Vorgaren hinzugeben.
- Hülsenfrüchte ruhig in größeren Mengen garen, sie lassen sich prima einfrieren.

Garzeittabelle für Hülsenfrüchte

Sorte	**Kochzeit auf HIGH**
Bohnen, weiß, klein	3 – 4 Std
Bohnen, schwarz	3 – 4 Std
Cannelini (weiße Riesenbohnen)	3,5 – 4,5 Std
Erbsen, grün, geschält	2 – 3 Std
Erbsen, grün, ungeschält	2,5 – 3,5 Std
Kichererbsen	3,5 – 4,5 Std
Kidneybohnen	2,5 – 3,5 Std
Linsen, rot	1,5 – 2 Std
Linsen, braun	1,5 – 2,5 Std
Pinto-Bohnen	3 – 3,5 Std
Schwarzaugen-Bohnen	3,5 – 4,5 Std
Wachtelbohnen	3 – 3,5 Std

KOCHTECHNIKEN ANPASSEN

Viel neues Kochwissen müssen Sie sich für den Slowcooker gar nicht aneignen. Behalten Sie nur ein paar Besonderheiten im Auge:

Bräunen

Ob Sie Fleisch und/oder Gemüse vorbräunen, ist eine Frage persönlicher Vorliebe, nicht eine des Geschmacks. Manche KöchInnen scheuen den Aufwand, den Geruch oder möchten nicht noch einen Extra-Topf schmutzig machen. Andere (so wie ich) finden, die Mühe lohnt sich: Anbraten bringt den Garprozess in Gang, verkürzt also die spätere Kochzeit. Es sorgt für Röststoffe, die mehr Farbe und Geschmack ins Gericht bringen. Außerdem werden Zwiebeln und Knoblauch durchs Anbraten milder.

Würzen

Die langen Garzeiten im Slowcooker intensivieren den Geschmack der meisten Gewürze und getrockneten Kräuter. Frische Kräuter dagegen verlieren ihr Aroma. Verwenden Sie also weniger als die gewohnte Menge Muskat, Chilischoten, Zimtstangen, Rosmarin, Kräuter der Provence etc. und schmecken Sie lieber am Ende nochmals ab. Frisch gehacktes Basilikum, Petersilie, Schnittlauch geben Sie erst in den letzten 30 Minuten in den Topf.

Angießen

Durch den dicht schließenden Deckel des Slowcookers entweicht kaum Feuchtigkeit (und Sie öffnen ihn ja nicht so oft, oder doch?). Das Verkochen von Flüssigkeiten wie auf dem Herd oder im Backofen, findet also beim Garen im Schongarer nicht statt. Berücksichtigen Sie das, wenn Ihnen die Flüssigkeitsmenge in den Rezepten unter Umständen etwas zu gering vorkommt.

Kontrollieren

Umrühren, Braten wenden, mit der Gabel den Garzustand testen: Kontrollfreaks sollten sich beim Langsamkochen etwas im Zaum halten. Bei jedem Öffnen des Deckels sinkt die Temperatur im Garraum, damit verlängert sich die Garzeit. Haben Sie Zutrauen zu den Rezepten und Ihrem Topf – bei genügend Flüssigkeit im

Schongarer kann nichts anbrennen. Schauen Sie nur durch den Glasdeckel, um bei »schwierigeren Gerichten« nachzusehen, ob sich am Rand etwas absetzt. Natürlich können Sie auch ein- oder zweimal umrühren, den Braten wenden oder eine Stunde vor Ende der Garzeit prüfen, ob Sie die Temperatur möglicherweise noch auf HIGH stellen. Aber öffnen Sie den Deckel so wenig wie möglich.

Entfetten

Wenn Sie langsam garen (und nicht ständig rühren!) setzt sich oben auf den Gerichten flüssiges Fett ab. Das kann zum Beispiel bei durchwachsenem Fleisch oder Ente eine Menge sein. Wer auf Kalorien achtet, greift nun zum Löffel und schöpft die Schicht ganz oder teilweise ab. Oder stellen Sie die Speise kalt, das Fett erstarrt und lässt sich gut abheben.

Andicken

Manche mögen's suppig – manche nicht. Selbst wenn Sie nur wenig Fond oder Wasser zugegeben haben, ist Ihnen die Sauce Ihres Schmorgerichtes oder des Bratens möglicherweise nicht dickflüssig genug. Rühren Sie dann 1 bis 2 Esslöffel Mehl oder Speisestärke in etwas kalter (Gar-)Flüssigkeit an, geben Sie die Paste zurück in den Topf, rühren Sie gut um und stellen Sie den Slowcooker 15 bis 30 Minuten auf HIGH. Auch fertig gekaufter Saucenbinder lässt sich verwenden. Ich halte oft den »Zauberstab« in Bratensauce, um das Gemüse darin zu pürieren. Für richtige Reduktion sollten Sie Saucen jedoch in einen Topf umgießen und auf dem konventionellen Herd eindicken.

TIPP

Große Braten und dunkle Schmorgerichte brate ich immer an. Die gefallen mir mit »gekochter Optik« nicht so gut, auch wenn sich der Geschmack tatsächlich kaum ändert. Geschnetzeltes und Huhn gebe ich dagegen oft ohne Anbraten in den Topf.

Kann ich Zutaten vorbereiten und im Einsatz über Nacht kalt stellen?
Ja, das geht, vor allem bei Gemüserezepten und wenn Sie einen Platz finden, wo Sie den Keramikeinsatz tatsächlich kühl stellen können. Schließlich ist der Einsatz eines 6,5-l-Gerätes ganz schön voluminös.

Samstagabend den Braten anbraten, Sonntagvormittag im Slowcooker weitergaren, geht das?
Davon rate ich unbedingt ab. Das Fleisch ist außen warm und innen roh, wird runtergekühlt und dann schööön langsam wieder angewärmt – ideale Bedingungen für die Vermehrung von Mikroorganismen.

Kann ich den eiskalten Keramikeinsatz gleich in die Metallhülle stellen?
Das würde ich nicht empfehlen. Der Temperaturunterschied ist zu groß, der Einsatz könnte springen. Lassen Sie ihn also am nächsten Tag kurz außerhalb der Kühlung auf Temperatur kommen und heizen Sie die Metallhülle keinesfalls vor. Berücksichtigen Sie die zusätzliche Garzeit, wenn Sie mit gekühlten Zutaten beginnen.

Mir ist es unsympathisch, vorbereitete Zutaten lange im Slowcooker stehen zu lassen.
Mir auch! Ich packe geschnittenes Gemüse, geformten Hackbraten, geschnetzeltes Geflügel nicht in den Slowcooker-Einsatz, sondern in Plastikdosen in den Kühlschrank. Erst am nächsten Morgen kommen sie in den Slowcooker.

Kann ich im Slowcooker aufwärmen?
Ich befürworte das nicht – denn es dauert viel zu lang. In der Zeit bietet man den Mikroorganismen ein kuscheliges Klima, um sich zu vermehren und bricht dann bei »Tellertemperatur« ab, ohne richtig zu Ende zu garen. Bitte erwärmen Sie das Essen herkömmlich auf dem Herd oder in der Mikrowelle.

Kann ich eine Zeitschaltuhr benutzen, um den Garvorgang später zu starten?
Im Prinzip ja. Allerdings finde ich es lebensmittelhygienisch bedenklich, rohe Zutaten ungekühlt auf den Garbeginn warten zu lassen. Daher stelle ich den Topf sofort an und nutze die Zeitschaltuhr (oder die Programmautomatik des Topfes) dazu, den Topf später auszuschalten. Auf diese Art wartet fertiges und heißes Essen auf den Verzehr, nicht rohes auf den Garbeginn.

Kann ich Koch- und Backzeiten von Herd- und Backofengerichten für den Slowcooker umrechnen?
Fast alle Gerichte, die Sie sonst mit Flüssigkeit auf dem Herd oder im Backofen schmoren, können Sie auch im Schongarer zubereiten – Suppen und Eintöpfe sowieso. Trauen Sie sich also ruhig, Ihre Lieblingsgerichte für den Slowcooker umzurechnen! Beachten Sie dabei die Tipps zur Vorbereitung/speziellen Zutaten (siehe Seite 21-25) und entnehmen Sie die ungefähre Garzeit der folgenden Tabelle:

Garzeit herkömmlich	auf Stufe LOW	auf Stufe HIGH
15 bis 30 Minuten	3 bis 6 Stunden	1,5 bis 2,5 Stunden
30 bis 60 Minuten	6 bis 10 Stunden	3 bis 4 Stunden
1 bis 3 Stunden	8 bis 12 (+) Stunden	4 bis 6 Stunden

Bitte beachten Sie, dass diese (eigentlich alle!) Garzeiten für den Slowcooker nur Annäherungen sind. Denn es gibt Geräte, die viel heftiger kochen als andere, manche sind dagegen »Schnarchnasen«. Auch Anbraten (ja oder nein?) sowie zugegebene Flüssigkeitsmenge und die Größe der Zutatenstücke spielen eine Rolle. Daher rate ich jedem Slowcooker-Besitzenden zu einigen Test-Durchgängen mit einfachen Gerichten. Notieren Sie sich die Ergebnisse als Anhaltspunkt für das nächste Mal – und dann wissen Sie zukünftig, ob Sie die Zeiten in diesem Buch abkürzen oder eventuell verlängern müssen.

MENGEN UND KOCHZEITEN *anpassen*

Am Anfang sind sie sicherlich ungewohnt: Die doch etwas vage klingenden Slowcooker-Kochzeiten »von X bis Y Stunden auf Stufe Soundso«. Am Ende werden Sie genau dieses große Zeitfenster zu schätzen wissen: Haben Sie weniger Zeit fürs Garen zur Verfügung, drehen Sie den Schalter des Topfes für eine Weile auf HIGH. Kommen Sie eine Stunde später als geplant nach Haus, passiert auf Stufe LOW gewiss noch kein Unglück.

Als Grundregeln sollten Sie sich folgendes merken

- Slowcooker sind fürs Langsamkochen gedacht. Wer nicht mindestens fünf Stunden (bei den heißblütigeren Minikochern: vier Stunden) vor der Mahlzeit mit den Vorbereitungen beginnen kann, sollte das Essen lieber ganz normal auf dem Herd zubereiten.
- Gerichte aus rohem Fleisch und nicht vorgegartem Gemüse benötigen mindestens acht Stunden Garzeit auf LOW. Fünf bis sechs Stunden sind es, wenn Sie eine Stunde auf HIGH ankochen und dann auf LOW schalten, bei ausschließlich HIGH etwa vier Stunden.
- Seien Sie bei den Garzeiten kreativ und »mischen« Sie die Temperaturstufen: Statt acht Stunden auf LOW kochen Sie zunächst zwei Stunden auf HIGH (entspricht etwa vier Stunden LOW) und hängen dann drei bis vier weitere Stunden LOW an. Generell ist es besser, mit der höheren Stufe zu starten, damit die Zutaten schneller an den Garpunkt kommen. Fast alle Rezepte vertragen diese »Mischmethode«, nur wenige Rezepte gelingen eindeutig besser auf LOW (durchwachsenes Fleisch) beziehungsweise HIGH (Kuchen, Reis, Geflügel).

Bei fast allen Gerichten in diesem Buch können Sie statt auf LOW auch entsprechend kürzer auf HIGH garen bzw. umgekehrt eine kürzere HIGH-Garzeit durch Kochen auf LOW verlängern. Grundsätzlich entspricht eine Stunde HIGH etwa zwei Stunden LOW.

Essen zur gewünschten Zeit: So geht's schneller (oder langsamer)

»Wenn ich Rinderbraten zum Mittag will, muss ich den Topf wirklich morgens um vier schon anstellen?« Slowcooker-Neulinge lassen sich häufig von den Zeitangaben völlig aus dem Konzept bringen. Erfahrene NutzerInnen wissen: Fast alle Rezepte lassen sich beschleunigen – oder auch verlangsamen, wenn es darum geht, dass sie das Essen erst später fertig haben möchten.

Wenn Sie die angegebene Garzeit verkürzen wollen

- Wählen Sie eine höhere Kochstufe, statt LOW also HIGH. Das kann die Kochzeit nahezu halbieren. Besagter Rinderbraten muss dann erst um acht Uhr morgens angeschaltet werden.
- Braten Sie Ihre Zutaten (Fleisch, Zwiebeln, Gemüse) vorab an – je nach Gusto nur ein wenig oder wirklich gründlich.
- Gießen Sie keine kalten Flüssigkeiten an, sondern geben Sie Wasser, Fond, Sahne, Wein in die Mikrowelle und schütten Sie sie warm/heiß/fast kochend dazu.

Bitte beachten Sie: Weniger als 3 Stunden Garzeit bekommen Sie auch durch Kombination aller Maßnahmen normalerweise nicht hin. Abgesehen davon vertragen nicht alle Rezepte solche »Abkürzungen«.

Wenn Sie die angegebene Garzeit verlängern wollen

- Garen Sie das Gericht nicht auf HIGH, sondern auf LOW.
- Braten Sie Fleisch nur kurz oder gar nicht an.
- Gießen Sie kalte Flüssigkeiten an oder geben Sie Gemüse wie Erbsen tiefgefroren in den Topf.
- Schneiden Sie Gemüse in gröbere Stücke als angegeben.

Bitte beachten Sie: Bei Hackfleischgerichten und aufgetautem Fleisch sollten Sie auf diese »Verzögerungsmaßnahmen« verzichten, um die Hygiene sicherzustellen.

Punktgenaues Kochen mit der Zeitschaltuhr

Die oben beschriebenen Maßnahmen reichen manchmal nicht aus, um das Essen zum passenden Zeitpunkt fertig zu bekommen. Beispielsweise, wenn es samstags um 11 auf dem Bau Erbsensuppe geben soll, Sie aber keine Lust haben, diese morgens früh anzustellen. Oder wenn Sie für sieben Stunden zur Arbeit gehen, das Schmorgericht aber nach fünf Stunden schon gar sein müsste. Für solche Fälle empfehle ich Ihnen die Anschaffung einer Zeitschaltuhr.

Ich finde allerdings: Benutzen Sie die Zeitschaltuhr besser dazu, den Slowcooker nach der vorgegebenen Kochzeit auszuschalten als ihn später einzuschalten. Garen Sie Rouladen beispielsweise von spätabends bis frühmorgens und stellen Sie den Topf dann per Zeitschaltuhr ab. Anschließend lagert das Essen im Kühlschrank und wird mittags in der Mikrowelle oder auf dem konventionellen Herd erhitzt.

MENGENUMRECHNUNG FÜR VERSCHIEDENE TOPFGRÖSSEN

Die Rezepte in diesem Buch sind für verschiedene Topfgrößen ausgelegt – Brühe zum Beispiel für große 6,5-l-Töpfe, weil man sie am besten auf Vorrat kocht. Dagegen schmurgele ich Chutney vorwiegend im Mini-Topf, weil ich davon nur Kleinstmengen benötige.

Macht das die Rezepte damit ungeeignet für Ihren 3,5er Topf oder das 5,7-l-Gerät?
Keinesfalls! Rechnen Sie die Mengen einfach hoch oder herunter, um wieder beim Idealzustand »halb bis zweidrittel gefüllter Slowcooker« anzukommen:

Nennen Sie eine exotische Zwischengröße (z.B. 2,4 l oder 5,5 l) Ihr Eigen, nähern Sie sich grob an. Grammgenaues Umrechnen ist beim Slowcooking nicht notwendig, solange Sie den Topf nicht nur mit einer Pfütze füllen oder fast überlaufen lassen. Zuviel oder zuwenig im Topf ändert die Garzeiten erheblich und der Inhalt kann anbrennen.

1,5-l-Rezepte:

für den 3,5-l-Topf	**für den 6,5-l-Topf**
verdoppeln *(Kochzeit etwas verlängern)*	vervierfachen *(Kochzeit etwas verlängern)*

3,5-l-Rezepte:

für den 1,5-l-Topf	**für den 6,5-l-Topf**
halbieren *(Zeit etwas verkürzen)*	verdoppeln *(Zeit bleibt gleich)*

6,5-l-Rezepte:

für den 3,5-l-Topf	**für den 1,5-l-Topf**
halbieren *(Zeit bleibt gleich)*	vierteln *(Zeit etwas verkürzen)*

SO GELINGT DIE Slowcooker Premiere

Im Prinzip kann Essen im Slowcooker nicht anbrennen. Trotzdem habe ich schon unbefriedigende Kochergebnisse erzielt – soll heißen, pampigen Milchreis und am Rand angetrockneten Kartoffelauflauf produziert. Glücklicherweise lassen sich die Ursachen leicht eingrenzen und abstellen:

- Suchen Sie sich für Ihre ersten Schongar-Versuche nicht gleich Nudelgerichte, Kuchen oder Wasserbad-Desserts aus. Beginnen Sie mit Suppen oder Schmorgerichten, die viel/wenig Flüssigkeit und eine halbe Stunde mehr/weniger Garzeit nicht übelnehmen.

- Garen Sie keine (zu) kleinen Mengen in einem großen Slowcooker. Der Topf sollte mindestens halb voll sein, damit das Verhältnis beheizte Fläche zu Inhalt stimmt und nichts am Rand ansetzt. Rechnen Sie also die Füllmenge passend für Ihren Topf um (siehe Seite 33).

- Bevorzugen Sie anfangs die Garstufe LOW, wenn Sie die Zeit investieren können. Auf HIGH ist die Chance ungleich größer, dass der Topfinhalt zu simmern und am Rand anzusetzen beginnt.

- Kontrollieren Sie bei den von-bis-Garzeiten bereits nach der kürzesten Zeit einmal den Garzustand. **Beispiel**: Bei einem Rinderbraten sind sieben bis neun Stunden auf Stufe LOW angegeben. Schauen Sie nach sieben Stunden schon einmal nach, nicht erst nach neun!

- Muss Ihr Topf häufig unbeaufsichtigt vor sich hin kochen, investieren Sie in einen Topf mit Digitalsteuerung oder eine Zeitschaltuhr.

- Stressen Sie sich nicht dadurch, dass Sie ein neues Gericht gleich für einen ganzen Tisch erwartungsvoller Gäste kochen. Mit bewährten Rezepten, deren Kochzeit Sie exakter einschätzen kennen, fahren Sie besser.

Suppen & Eintöpfe

Suppen und Eintöpfe sind die Paradedisziplin des Slowcookers – und die der vielbeschäftigten Kochbeteiligten. Mit nur wenig Vorbereitung bringen Sie eine leckere, gesunde Mahlzeit mit viel Gemüse auf den Tisch.

Für Kartoffelsuppe friesisch *das Leberkäse-Zwiebel-Topping weglassen, stattdessen gepulte Nordseegarnelen aufstreuen.*

Deftig & sättigend

BAYRISCHE KARTOFFELSUPPE

FÜR 6 PORTIONEN

3,5 LITER

LOW 8 h | HIGH 4 h

PREP 15 min

Für die Suppe:

- *800 g mehlig kochende Kartoffeln*
- *2 Möhren*
- *1 Stück Knollensellerie (etwa 100 g)*
- *1 Stange Lauch*
- *1 Zwiebel*
- *1 Knoblauchzehe*
- *1,2 l Gemüsebrühe (selbst gekocht oder Instant)*
- *Salz, Pfeffer, Kümmel, Majoran*

Zum Garnieren:

- *2 EL Butter*
- *1 Zwiebel, in feinen Würfeln*
- *150 g Leberkäse*
- *gehackte Petersilie*
- *100 g Schmand*

Kartoffeln, Gemüse, Zwiebel und Knoblauch in kleine Stücke schneiden und mit der Gemüsebrühe in den Einsatz des Slowcookers geben. Salzen, pfeffern, eine gute Prise Kümmel und ein wenig Majoran dazugeben.

Alles 4 Stunden auf Stufe HIGH oder 8 Stunden auf LOW garen, bis das Gemüse ganz weich ist.

Die Suppe mit einem Stabmixer pürieren, abschmecken, eventuell mit etwas weiterer Brühe verdünnen und warm halten.

Die Butter in einem separaten Topf erhitzen und darin die Zwiebelwürfel hellbraun dünsten. Den Leberkäse in feine Würfel schneiden, zu den Zwiebeln geben und alles kurz rösten.

Die Suppe beim Anrichten mit einem Klecks Schmand und etwas von der Zwiebel-Leberkäse-Masse sowie Petersilie garnieren.

Gesund & preiswert

STECKRÜBEN-EINTOPF

FÜR 4 PORTIONEN

3,5 LITER

LOW **8-9h** | HIGH **4-4,5h**

PREP **15 min**

- *1 Steckrübe (ca. 700 g, geschält gewogen)*
- *300 g Möhren*
- *1 Gemüsezwiebel (oder 2 kleine Zwiebeln oder Schalotten)*
- *600 g mehlig kochende Kartoffeln*
- *2 EL Gänseschmalz (oder Schweine- bzw. Butterschmalz)*
- *100 g Speck, gewürfelt*
- *1 l Wasser oder Gemüsebrühe*
- *1 Lorbeerblatt*
- *Salz, schwarzer Pfeffer*
- *Zucker*
- *Essig (optional)*

Steckrübe und Möhren schälen und in höchstens 1,5 x 1,5 cm große Würfel schneiden. Zwiebel pellen und würfeln. Kartoffeln schälen und ebenfalls würfeln.

Das Schmalz in einen Bräter geben, die Speck- und Zwiebelwürfel darin glasig dünsten, in den Einsatz des Slowcookers geben.

Gemüse und Lorbeerblatt zugeben, Wasser oder Brühe angießen. Mit Salz, Pfeffer und einer Prise Zucker würzen und 4 bis 4,5 Stunden auf Stufe HIGH (8 bis 9 auf LOW) garen.

Durchrühren und eventuell mit etwas Essig abschmecken.

Spitzkohleintopf: *Statt Steckrübe Spitzkohl in Streifen verwenden. Möhren weglassen und entsprechend mehr Kartoffeln dazugeben, mit Kümmel abschmecken und zwei Mettwürstchen einlegen. Garzeit um eine Stunde HIGH oder 2 Stunden LOW verkürzen.*

Gesund & günstig

SAUERKRAUT-DURCHEINANDER

FÜR 4–6 PORTIONEN

3,5 LITER

LOW **8-9 h** | HIGH **4-4,5 h**

PREP **15 min**

- *750 g Sauerkraut (aus dem Beutel)*
- *1 EL Öl*
- *1 Zwiebel, fein gehackt*
- *50 g Räucherspeck, in Würfeln*
- *1,2 kg mehlig kochende Kartoffeln, geschält, in 1cm-Stücke gewürfelt*
- *Salz, Pfeffer*
- *450 ml Apfelsaft*
- *½ TL Kümmel*
- *3-4 Wacholderbeeren (optional)*
- *1 EL Honig*

Sauerkraut in ein Sieb geben, abspülen und gut abtropfen lassen.

In einem separaten Topf Öl, Zwiebel und Speck glasig dünsten, die Hälfte in den Einsatz des Slowcookers geben. Kartoffelwürfel obenauf legen, dann das gut abgetropfte Sauerkraut einschichten und die restliche Zwiebel-Speckmasse aufstreuen. Apfelsaft mit Gewürzen und Honig vermischen und angießen.

Auf Stufe HIGH etwa 4 bis 4,5 Stunden garen, auf LOW 8 bis 9, bis die Kartoffeln ganz weich sind. Vor dem Servieren durchrühren und nachwürzen.

TIPP

Wir essen Bratwurst zum Sauerkraut-Durcheinander – man kann aber auch von Anfang an Mettwurst oder Kassler obenauf legen. Das Fleisch wird dann allerdings sehr weich.

Möhren-Durcheinander: *750 g Möhren in 5 mm dünnen Scheibchen und 750 g mehlig kochende Kartoffeln in 1cm-Würfeln in 400 ml Gemüsebrühe garen und mit 50 g Butter zerstampfen.*

Sommerlich & mild

ZUCCHINISUPPE

FÜR 4–6 PORTIONEN

3,5 LITER

LOW **6,5-7,5 h** | HIGH **3-3,5 h**

PREP **10 min**

- *750 g Zucchini, gewürfelt*
- *1 Zwiebel, gehackt*
- *2 EL Öl*
- *1 EL Curry (mild oder scharf)*
- *750 ml Gemüsebrühe, erhitzt*
- *2 gehäufte EL rohen Reis*
- *1 EL Basilikum, frisch gehackt*
- *Salz, Pfeffer, gekörnte Brühe*
- *100 g Sahne*

Zucchini, Zwiebel, Öl und Curry in den Slowcooker geben und 30 Minuten auf HIGH anschwitzen.

Heiße Brühe, rohen Reis und Basilikum dazugeben, mit den Gewürzen abschmecken. Weitere 2,5 bis 3 Stunden auf HIGH oder 6 bis 7 Stunden auf LOW garen.

Suppe mit dem Stabmixer pürieren und die Sahne einrühren, nach Geschmack noch etwas Brühe, falls die Suppe zu dick ist. Abschmecken und mit Croutons oder Ciabatta servieren.

Blumenkohl-Cremesuppe: *Statt Zucchini nicht zu grob gehackten Blumenkohl verwenden. Curry und Basilikum weglassen, stattdessen mit Muskatnuss und Petersilie abschmecken. Garzeit etwas verlängern.*

Brokkoli-Käsesuppe: *Zucchini durch grob gehackten Brokkoli ersetzen. Curry und Basilikum weglassen, stattdessen mit Muskatnuss und Petersilie abschmecken, am Ende zusätzlich 100 g geriebenen Käse einrühren.*

Herbstlich & leicht scharf

KÜRBISSUPPE INDISCH

FÜR 6 PORTIONEN

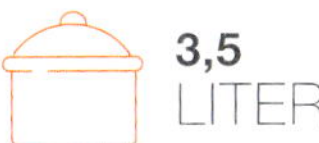
3,5 LITER

LOW **7 h** | HIGH **3,5 h**

PREP **15 min**

- *1 EL Ghee oder Butterschmalz*
- *1 Knoblauchzehe, zerdrückt*
- *1 Stück Ingwer, 2 cm, in Würfelchen*
- *2 Zwiebeln, gehackt*
- *1-1,2 kg Kürbisfleisch (Butternut, Hokkaido, auch gemischt), grob zerkleinert*
- *Salz, Pfeffer*
- *½ TL Kurkuma*
- *1-2 TL Garam Masala*
- *Chiliflocken nach Geschmack*
- *1 l Gemüsebrühe*
- *400 ml Kokosmilch*
- *Senfkörner, Koriander zum Garnieren*

Ghee in einem Topf erhitzen und Knoblauch, Ingwer und Zwiebeln darin glasig dünsten. Masse in den Slowcooker-Einsatz geben.

Kürbisfruchtfleisch und Gewürze dazugeben, die Flüssigkeiten angießen. Auf Stufe HIGH 3,5 Stunden garen, auf LOW sind es etwa 7 Stunden.

Vor dem Servieren pürieren und mit Senfkörnern und Koriander garnieren.

AUS 1 MACH 2

Kürbissuppe deutsch: *Lassen Sie Ingwer, indische Gewürze und Kokosmilch weg. Stattdessen geben Sie eine Stange Lauch und eine Kartoffel in kleinen Stücken dazu. Mit Balsamico-Creme abschmecken.*

Familienfavorit & einfach

CHEESEBURGER-SUPPE

FÜR 6 PORTIONEN

3,5 LITER

LOW 8-9 h | HIGH 4-4,5 h

PREP 15 min

- *1 EL Öl*
- *500 g Rinderhack*
- *1 Zwiebel, fein gehackt*
- *2 Knoblauchzehen, zerdrückt*
- *Salz, Pfeffer*
- *800 ml Gemüsebrühe (auch aus Instant)*
- *400 g mehlig kochende Kartoffeln, in 1x1cm-Würfeln*
- *1 Dose Pizzatomaten (400 g)*
- *70 g Tomatenmark*
- *1 TL Honig*
- *50 ml Gurkenbrühe*
- *1 EL Senf*
- *125 g Sahne*
- *200 g Cheddar, gerieben*

Zum Fertigstellen:

- *Zwiebeln, Gurken*
- *3 Burgerbrötchen (Buns)*

Öl in einem Topf oder einer Pfanne erhitzen. Hack, Zwiebel und Knoblauch hineingeben und unter Rühren krümelig braten, bis das Hack nicht mehr rosa ist. Mit Salz und Pfeffer würzen.

Rinderhack in den Slowcooker-Einsatz umfüllen und alle restlichen Zutaten (bis auf den geriebenen Käse und die Sahne) hinzugeben, nochmals mit Salz und Pfeffer abschmecken. Den Deckel aufsetzen und auf Stufe HIGH 3,5 bis 4 Stunden garen, auf LOW sind es 7 bis 8.

Die Sahne und 100 g Käse einrühren und nochmal 15 bis 30 Minuten auf HIGH erhitzen, bis der Käse geschmolzen ist, dabei mehrfach rühren.

Zum Servieren die Brötchen halbieren und toasten. Suppe mit Gurken- und Zwiebelwürfeln und geriebenem Käse servieren.

Vegan & schnell vorbereitet

LINSENSUPPE PERSIEN

FÜR 6 PORTIONEN

3,5 LITER

LOW 6-8 h | HIGH 3-4 h

PREP 10 min

- *2 Zwiebeln, groß, gehackt*
- *1 Knoblauchzehe, gestiftelt*
- *2 gr. Möhren, fein gehackt*
- *2 EL Olivenöl*
- *1-2 TL rote Thai-Currypaste (oder 1 frische Chilischote)*
- *1-2 TL Kreuzkümmel, gemahlen*
- *75 g getr. Aprikosen, fein gewürfelt*
- *250 g rote Linsen*
- *1 Dose stückige Tomaten (425 ml)*
- *1,2 l Gemüsebrühe (selbst gekocht oder Instant)*
- *Salz, Pfeffer*

Zum Servieren:

- *Zitronensaft*
- *Joghurt (optional)*
- *glatte Petersilie*

Zwiebeln, Knoblauch und Möhren in dem Öl in einem separaten Topf kurz einige Minuten anschwitzen, in den Einsatz des Slowcookers geben. Die restlichen Zutaten hinzufügen und die Brühe mit Currypaste und Kreuzkümmel (nicht zu viel, die Würze wird noch intensiver) sowie Salz und Pfeffer abschmecken.

Auf Stufe HIGH etwa 3 Stunden kochen, bis die Linsen »al dente« sind – oder 4 Stunden (bzw. 6 bis 8 auf LOW), bis sie zerfallen. Wer mag, kann die Suppe dann auch pürieren.

Suppe mit Zitronensaft abschmecken, mit einem Klecks Joghurt (optional) und glatter Petersilie servieren.

TIPP

Für eine leckere Variante, allerdings auch reichhaltiger: Ersetzen Sie 400 ml der Brühe durch Kokosmilch.

Sauer-scharf & asiatisch

PEKINGSUPPE

FÜR 6 PORTIONEN

3,5 LITER

LOW 6-7 h | HIGH 3,5 h

PREP 20 min

- *1,5 l Brühe (selbst gekocht oder Instant)*
- *150 g Schweineschnitzel, in Streifen*
- *150 g Tofu in feinen Streifen*
- *200 g Möhren, in feinen Streifen*
- *100 g Champignons, in Scheibchen*
- *30 ml Sojasauce*
- *100 ml süße Chilisauce*
- *2 EL Reisessig*
- *20 g getr. Shiitake-Pilze, eingeweicht in 200 ml heißem Wasser*

Zum Fertigstellen:

- *1 Glas Bambussprossen (180 g Abtropfgewicht)*
- *100 g Erbsen (TK oder Konserve)*
- *2 Eier*
- *Salz, Pfeffer*
- *2 TL Speisestärke*
- *2 EL Ketchup*

Alle Suppenzutaten in den Einsatz des Slowcookers geben. Die eingeweichten Shiitake-Pilze in Streifen schneiden und mit der Einweichflüssigkeit dazugeben. Auf Stufe HIGH etwa 3 Stunden garen, auf LOW sind es etwa 6.

Zum Fertigstellen Topf auf HIGH drehen und Bambussprossen und Erbsen in die Suppe geben. Eier mit Salz und Pfeffer verquirlen und mit kreisenden Bewegungen in die Suppe fließen lassen. 10 Minuten stocken lassen und nicht rühren.

Speisestärke mit Ketchup verrühren und die Paste in die Suppe geben, durchrühren und nochmal 15 bis 20 Minuten erhitzen, bis die Suppe leicht andickt.

Winterlich & deftig

GRÜNKOHL

FÜR 4 PERSONEN

3,5 LITER

LOW **9-10 h** | HIGH **5 h**

PREP **20 min**

• 50 g Frühstücksspeck, gewürfelt • 2 Zwiebeln, feinst gehackt • 25 g Schmalz • 300 ml Brühe (aus gekörnter Brühe zubereitet) • 1 kg mehlig kochende Kartoffeln, geschält, in 1cm-großen Würfeln • 600 g TK-Grünkohl (oder Konserve), aufgetaut und abgetropft • 1 EL scharfer Senf • Salz, Pfeffer • 2 Mettwürstchen • 2 Kasslerkoteletts

Speck und Zwiebeln in Schmalz glasig andünsten, entweder in der Mikrowelle oder auf dem Herd in einem separaten Topf. Die Masse im Slowcooker-Einsatz mit der Brühe, den Kartoffelwürfeln und dem aufgetauten Grünkohl mischen.

Mit Senf, Salz (sparsam) und Pfeffer (kräftig) abschmecken. Fleisch auf das Gemüse legen und 5 Stunden bei HIGH garen. Zwischendurch einmal durchrühren, falls möglich das Fleisch schon entnehmen, wenn es weich genug ist. Zum Servieren den Eintopf kurz durchstampfen, abschmecken und Fleisch wieder auflegen.

TIPP

So kochen wir den Wintereintopf in Westfalen – mit den Kartoffeln gleich drin. In Norddeutschland werden diese separat als karamellisierte Kartoffeln zubereitet. In jedem Fall braucht das Gericht eine lange Garzeit.

Preiswert & sättigend

LINSENSUPPE

FÜR 4 PERSONEN

3,5 LITER

LOW 8 h | HIGH 4 h

PREP 10 min

- *250 g Berglinsen, abgespült*
- *500 g Kartoffeln, in 2 mm dünnen Scheiben*
- *200 g Möhren, in 2 mm feinen Scheiben*
- *75 g Lauch, in feinen Streifen*
- *75 g Sellerie, in feinen Würfeln*
- *1 Lorbeerblatt*
- *1,5 l Wasser + gekörnte Brühe (alternativ Gemüsebrühe)*

Zum Abschmecken & Servieren:

- *1 EL Essig*
- *1 EL Maggi (optional)*
- *Salz, Pfeffer, geh. Petersilie*

Die gewaschenen und vorbereiteten Gemüsesorten in den Einsatz des Slowcookers geben. Mit Wasser oder Brühe aufgießen. Lorbeerblatt einlegen, mit gekörnter Brühe abschmecken.

Deckel aufsetzen und etwa 4 Stunden auf HIGH garen, auf LOW sind es 8.

Vor dem Servieren mit Essig und Maggi, weiterem Salz und Pfeffer abschmecken. Mit Petersilie bestreuen und servieren.

Erbsensuppe: Statt Linsen 250 g grüne Schälerbsen und 500 g Kartoffeln verwenden. Kochzeit um etwa 30 Minuten auf HIGH bzw. 1 Stunde LOW verlängern.

HÜHNERSUPPE MIT REIS

FÜR 4–6 PORTIONEN

3,5 LITER

LOW 7 h | HIGH 3,5 h

PREP 20 min

- *2 EL Öl*
- *400 g Suppengemüse (Lauch, Sellerie, Möhren, fein gehackt, frisch oder TK)*
- *½ Zwiebel, gewürfelt*
- *100 g Parboiled-Reis, roh*
- *2 Hühnerkeulen mit Rückenstück, ohne Haut*
- *1,2 l Geflügelfond (selbst gemacht oder Instant)*
- *Salz, Pfeffer*

Zum Servieren:

- *gehackte Petersilie*

Das Öl erhitzen und das Suppengemüse (TK-Produkt vorher auftauen lassen) sowie die Zwiebelwürfel darin glasig dünsten. In den Einsatz des Slowcookers geben.

Reis, Hühnerkeulen und Fond dazugeben, mit Salz und Pfeffer abschmecken. Auf Stufe LOW etwa 7 Stunden garen, auf HIGH sind es etwa 3,5 Stunden.

Hühnerkeulen aus der Brühe nehmen und das Fleisch vom Knochen lösen, in mundgerechte Stücke teilen und zurück in die Suppe geben. Suppe mit Salz und Pfeffer abschmecken und mit Petersilie bestreuen.

Hühnersuppe mit Nudeln: *Reis weglassen und am Ende separat gegarte Nudeln hinzufügen.*

Hühnersuppe mit Klößchen: *Reis weglassen. Eine Masse aus 7 Zwiebäcken (zu Bröseln zerdrückt), 50 Gramm geschmolzener Butter, 2 Eiern, ½ Bund gehacktem Schnittlauch, Salz, Pfeffer und Muskatnuss zu Klößchen formen. 20 Minuten in der Suppe ziehen lassen.*

Klassiker

Sanftes Schmurgeln im Slowcooker bekommt fast allen Fleischsorten ausgesprochen gut. Günstige, durchwachsene Stück werden superzart, magere Stücke bleiben saftig. Und die Saucen erst: aromatisch und würzig!

TIPP

Beim Schongaren reicht ein kurzes, intensives Anbraten auf einer Seite aus, um eine schön dunkle Sauce zu bekommen.

MALZBIERGULASCH

FÜR 4 PORTIONEN

3,5 LITER

LOW 6,5-7 h | HIGH 3,5-4 h

PREP 20 min

- *2 EL Öl*
- *1 kg Schweinegulasch in Würfeln von max. 3x3 cm*
- *2 gr. Zwiebeln, fein gehackt*
- *1 Möhre, fein gehackt*
- *50 g Knollensellerie, fein gehackt*
- *Salz, Pfeffer*
- *½ TL Kümmel*
- *1 TL Senf*
- *50 g Tomatenmark*
- *½ TL Paprikapulver, edelsüß*
- *0,33 l Malzbier*
- *100 ml Fleisch- oder Gemüsefond (optional)*

Zum Binden der Sauce:

- *100 g saure Sahne*
- *1 EL Mehl*

Das Öl in einem großen Topf hoch erhitzen und die Fleischwürfel darin schnell hellbraun braten, salzen, pfeffern und in den Einsatz des Slowcookers geben.

Zwiebeln, Möhre und Sellerie ebenfalls kurz anrösten und zum Fleisch geben. Malzbier (und falls Sie mehr Sauce wünschen auch den Fond) in den Topf geben und den Bodensatz loskochen, anschließend über Fleisch und Zwiebeln geben. Kümmel, Senf, Tomatenmark und Paprikapulver einrühren.

Den Deckel auflegen. Etwa 6 bis 6,5 Stunden auf Stufe LOW garen, alternativ 3 bis 3,5 Stunden auf HIGH.

Mehl mit saurer Sahne verquirlen und zum Andicken in den Topf geben, weitere 30 Minuten auf HIGH stellen, bis die Sauce andickt.

Szegediner Gulasch: *Wie Sie die ungarische Gulaschvariante mit Sauerkraut und viel Paprika zubereiten, sehen Sie auf YouTube in meinem Kanal »Langsam kocht besser«.*

Supersaftig

HACKBRATEN MIT SPECK

FÜR 6 PORTIONEN

3,5 LITER

LOW 7-8 h | HIGH 3,5-4 h

PREP 15 min

Für die Hackmasse:

- *6 Scheiben Sandwichtoast*
- *200 ml Milch*
- *1,2 kg Hackfleisch, gemischt*
- *50 g Parmesankäse, fein gerieben*
- *1 TL Salz, Pfeffer nach Geschmack*
- *½ Bund Petersilie, gehackt*
- *3 Eier, leicht verschlagen*
- *8-10 Scheiben Frühstücksspeck zum Belegen*

Für die Sauce:

- *200 ml Ketchup*
- *30 g brauner Zucker*
- *1 TL Senf*
- *½ TL Sriracha (oder andere scharfe Sauce)*

TIPP *Am saftigsten bleibt der Hackbraten, wenn Sie mit einem Thermometer arbeiten: Die Kerntemperatur sollte zwischen 72 °C bis 75 °C betragen.*

Die Brotscheiben in eine große Schüssel geben und die Milch darübergießen. Zehn Minuten einweichen lassen, dabei mehrfach wenden.

Hack, Käse, Petersilie und Eier zum eingeweichten Brot geben und alles mit einem Kochlöffel gut durchrühren, kräftig mit Salz und Pfeffer abschmecken. Die Hackmasse mit den Händen zu einem länglichen Laib formen und mit den Speckscheiben belegen, dabei die Enden unten gut feststecken. Den Hackbraten in den Einsatz des Slowcookers legen.

Die Saucenzutaten verrühren und mit der Hälfte davon den Braten einpinseln. Auf Stufe LOW (bevorzugt) 7 bis 8 Stunden garen, auf HIGH sind es 3,5 Stunden.

Den Braten zehn Minuten mit Folie abgedeckt ruhen lassen, bevor man ihn anschneidet – sonst läuft zu viel Saft aus. Mit der restlichen Sauce servieren.

Falscher Hase:
Lassen Sie die Ketchupsauce weg, gießen Sie etwas Brühe an und drücken Sie drei hartgekochte Eier in die Mitte des Bratens.

TexMex-Hackbraten:
Für mexikanische Würze verwenden Sie Salsa und zerdrückte Tortillachips.

PUTENKEULE IN CIDRE

FÜR 4-6 PORTIONEN

LOW 7-8 h | HIGH 3,5-4 h

- *2 Putenoberkeulen (je 1 kg)*
- *1 TL süßer Senf*
- *Salz, Pfeffer*
- *2 EL Öl*
- *2 Zwiebeln, gehackt*
- *2 Möhren, fein gewürfelt*
- *¼ Sellerieknolle, fein gewürfelt*
- *1 Stange Lauch, in Ringen*
- *100 ml Apfelwein (Cidre, ersatzweise Apfelsaft)*
- *150 ml Brühe (auch aus Instant)*

Zum Andicken:

- *Saucenbinder oder angerührte Speisestärke*

Das Fleisch mit Senf einreiben und mit Salz und Pfeffer würzen. Im heißen Öl in einem separaten Topf (Bräter) von beiden Seiten kurz anbraten und in den Slowcooker legen.

Im Topf ebenso das Gemüse gut anrösten, bis es leicht braun ist. Mit Cidre ablöschen. Gemüse, Cidre und Brühe abschmecken und in den Slowcooker geben.

Auf Stufe HIGH etwa 3,5 Stunden garen, auf LOW sind es 7 bis 8.

Die Keulen entnehmen und warm stellen. Falls gewünscht, das Fett von der Sauce abnehmen und das Gemüse in der Sauce pürieren. Mit weiterem Saucenbinder oder angerührter Speisestärke andicken, 15 Minuten auf Stufe HIGH stellen.

KOHLROULADEN

FÜR 8 PORTIONEN

6,5 LITER

LOW 8-9 h | HIGH 4-4,5 h

PREP 25 min

- *12-16 große Wirsingblätter*
- *600 g Hackfleisch, gemischt*
- *1 Zwiebel, feinst gehackt*
- *1 Knoblauchzehe, zerdrückt*
- *2 EL Petersilie, gehackt*
- *Salz, Pfeffer*
- *125 g gekochter Reis*

Für die Sauce:

- *1 Packung passierte Tomaten (500 g)*
- *1 EL Tomatenmark*
- *200 ml Wasser*
- *1 TL Zucker*
- *Salz, Pfeffer*

Einen großen Topf mit Wasser aufsetzen, salzen, zum Kochen bringen. Eine große Schüssel mit kaltem Wasser füllen. Krautblätter einzeln im heißen Wasser blanchieren, bis sie etwas zusammenfallen und formbar sind, dann in kaltes Wasser tauchen und abtropfen lassen.

Alle Zutaten für die Hackfüllung vermischen und kräftig abschmecken. Alle Zutaten für die Sauce verrühren und beiseitestellen.

Wirsingblätter auf der Arbeitsplatte ausbreiten und mit jeweils 1 gehäuften EL Hackfüllung belegen. Die Seiten über die Mitte schlagen und die Blätter dann wie Rouladen zusammenrollen. Eng aneinander mit der Naht nach unten in den Slowcooker legen. Mit der Tomatensauce begießen.

Auf Stufe LOW etwa 8 bis 9 Stunden garen, auf HIGH sind es 4 bis 4,5 Stunden.

TIPP

Pulled Pork ist ein geniales Partyessen: Das zerzupfte Fleisch in der Sauce lässt sich wunderbar auf Stufe WARM für die Gäste warm halten oder auf dem Herd aufwärmen.

Saftig & toll für Gäste

PULLED PORK

FÜR 8-12 PORTIONEN

3,5
LITER

LOW **7-9 h** | HIGH **3,5-4,5 h**

PREP **20 min**

- *2 große Zwiebeln, in Ringen*
- *1,2-1,5 kg Schweine-Nackenbraten*
- *1 EL Senf*
- *1 TL Knoblauchsalz*
- *1 TL Paprikapulver (mild oder scharf nach Geschmack)*
- *1 Dose Cola oder Dr. Pepper (330 ml, kein Lightprodukt)*
- *1 EL Apfelessig*

Zum Servieren:

- *300-400 ml Barbecuesauce nach Geschmack*
- *8-12 Baguette- oder Burgerbrötchen (Buns)*
- *Coleslaw oder Krautsalat*

Die Zwiebeln auf den Boden des Slowcookers legen. Das Fleisch mit Senf, Knoblauchsalz und Paprika einreiben und obenauf legen. Cola und Apfelessig angießen, Deckel aufsetzen.

Auf Stufe LOW etwa 7 bis 9, auf HIGH etwa 3,5 bis 4,5 Stunden garen, bis das Fleisch ganz weich ist. Fleisch aus der Flüssigkeit nehmen und mit zwei Gabeln in mundgerechte Stücke zerzupfen.

Fleischbrühe größtenteils aus dem Slowcookereinsatz abschöpfen, Zwiebeln darin belassen. Barbecuesauce einrühren (Menge je nach gewünschter »Saucigkeit«) und Fleisch hinzufügen. 30 Minuten auf HIGH erhitzen.

Mit Brötchen, Coleslaw oder Krautsalat servieren.

Pulled Chicken: *Statt Schweinefleisch 1 kg Hühnerbrustfilet verwenden. Würzen und mit den Zwiebeln (ohne weitere Flüssigkeit) gleich in der BBQ-Sauce garen. Garzeit 7-8 Std. auf LOW.*

Familien-Favorit & ganz einfach

ROULADEN GESCHNETZELT

FÜR 2-3 PORTIONEN

1,5/2,4 LITER

LOW **8 h** | HIGH **4 h**

PREP **15 min**

- *2 EL Öl oder Butterschmalz*
- *500 g Rinderbraten, geschnetzelt*
- *150 g Zwiebeln, in Würfeln*
- *1 Knoblauchzehe, gestiftelt*
- *75 g Frühstücksspeck, in Würfeln*
- *100 ml Rotwein*
- *50 g Gewürzgurke, gewürfelt*
- *30 g Tomatenmark*
- *1 EL Senf, scharf oder mittelscharf*
- *250-300 ml Rinderfond (oder Brühe aus Instant)*
- *Salz, Pfeffer, Paprika edelsüß nach Geschmack*

Zum Andicken:

- *Mehlbutter oder angerührte Speisestärke*

Öl in einer Pfanne sehr hoch erhitzen, die Rindfleischstreifen darin kurz braun braten (nur von einer Seite reicht) und in den Einsatz des Slowcookers geben. Zwiebeln, Knoblauch und Speck ebenfalls kurz in der Pfanne anrösten und auf das Fleisch geben.

Bratensatz mit Rotwein loskochen und über das Fleisch geben, zusammen mit Gewürzgurke, Tomatenmark, Senf, Rinderfond. Gut durchrühren und mit Salz, Pfeffer und Paprika abschmecken.

Deckel aufsetzen und 4 Stunden auf Stufe HIGH oder etwa 8 auf Stufe LOW garen. Falls gewünscht, andicken und weitere 30 Minuten erhitzen.

Klassiker ohne Anbraten

ROULADEN WIE VON MAMA

FÜR 12 PORTIONEN

6,5 LITER

LOW **9-10 h** | HIGH **4,5 h**

PREP **30 min**

- *12 Rinderrouladen (kleine)*
- *Senf, Salz, Pfeffer*
- *250 g Speck, durchwachsen, geräuchert, in feinen Würfeln*
- *6 kl. Zwiebeln, fein gewürfelt*
- *12 Gurkensticks*
- *½ Möhre, fein gewürfelt*
- *je 4 EL Lauch- und Selleriewürfel*
- *2 EL Tomatenmark*
- *300 ml Fleischbrühe (auch aus Instant)*
- *Schmand zum Verfeinern*
- *1 EL Mehl, Wasser*

Rouladen auf der Arbeitsfläche ausbreiten, trockentupfen. Mit Senf bestreichen, salzen und pfeffern, mit Speck- und Zwiebelwürfeln bestreuen. Um die Gurke herum eng aufrollen.

Rouladen in den Slowcooker legen, mit den Gemüsewürfeln bestreuen. Tomatenmark mit Brühe verrühren und über das Fleisch geben. 9-10 Stunden auf LOW oder etwa 4,5 Stunden auf HIGH garen Bei kleinen Rouladen schon etwas eher testen, ob sie weich sind, gegebenenfalls warm halten.

Rouladen aus dem Bratensatz nehmen, warm stellen. Die Sauce in einem Topf etwas einkochen lassen, mit angerührtem Mehl andicken, mit Schmand verfeinern.

TIPP

Wenn Sie die Extra-Mühe nicht scheuen und dunklere Sauce möchten: Braten Sie die Rouladen kurz von einer oder zwei Seiten an, gründliches Braten von allen Seiten ist nicht notwendig. Die Garzeit verkürzt sich dann um eine oder zwei Stunden, ***Foto auf dem Umschlag vorne.***

Leckerer Festbraten für viele

SPANFERKEL-BRATEN

FÜR 12 PORTIONEN

5,5/6,5 LITER

LOW **8 h** | HIGH **4 h**

PREP **15 min**

- *2 Spanferkel-Rollbraten, je 1,3 kg*
- *2 EL scharfer Senf*
- *Salz, Pfeffer*
- *2 EL Butterschmalz*
- *1 Bund Suppengemüse, geputzt und gehackt*
- *2 Zwiebeln, in groben Stücken*
- *1 Flasche Schwarzbier (500 ml)*
- *200 ml Rinderfond*
- *Kümmel, Salz, Pfeffer*

Zum Binden der Sauce:

- *1 EL Mehl, angerührt mit 4 EL Wasser*

Die Bratenstücke mit Senf einreiben, salzen und pfeffern. In sehr heißem Butterschmalz in einem Bräter rundum braun anbraten und in den Slow-cooker-Einsatz legen. Auf Stufe LOW anstellen.

Im Bräter auch das gehackte Suppengemüse und die Zwiebeln anrösten. Mit Schwarzbier und Fond ablöschen und abschmecken mit Salz, Pfeffer und etwas Kümmel. Über das Fleisch gießen.

Auf Stufe HIGH etwa 3,5 Stunden fertig garen, auf LOW sind es 6 bis 7. Braten entnehmen und Bratensauce mit Gemüsen pürieren. Falls notwendig, mit angerührtem Mehl andicken.

Krustenbraten: *2- bis 2,5 kg Schulterstück mit kreuzweise eingeschnittener Schwarte mit Suppengemüse und 250 g Möhre in den Slowcooker geben, Bier und Brühe angießen. 8 bis 9 Stunden auf LOW garen. Das Fleisch entnehmen und unter dem vorgeheizten Backofengrill bei 220 Grad 5 bis 10 Minuten bräunen.*

Lässt sich gut abwandeln

PUTENCURRY

FÜR 4 PERSONEN

3,5 LITER	LOW **5 h** | HIGH **3,5-4,5 h**	PREP **10 min**

• 500 g Putenbrustfilet, in Streifen • 300 g Süßkartoffel, geschält, in 2-3 cm großen Würfeln

***Für die Sauce:** • 400 ml Kokosmilch • 50 ml Wasser • 3 EL Sojasauce • 75 g Erdnussbutter • 1-3 TL Thai-Currypaste (je nach gewünschter Schärfe) • 1 Stück Ingwer, walnussgroß • 1 Knoblauchzehe • 1 EL Fisch-Sauce • 1 EL brauner Zucker*

***Weitere Zutaten:** • 1 rote Paprikaschote, in Stücken • 250 g Brokkoli (TK oder frisch) • gehackte Erdnüsse • Koriander oder Petersilie, gehackt • Sriracha (oder andere scharfe Sauce)*

Pute und Süßkartoffeln in den Einsatz des Slowcokers geben. Alle Saucenzutaten verrühren, Ingwer und Knoblauch in die Sauce pressen. Sauce ebenfalls in den Slowcooker füllen. Auf Stufe HIGH etwa 2,5 Stunden garen, auf LOW sind es 5.

Die weiteren Gemüse (Brokkoli kann gefroren verwendet werden) in den Topf geben und durchrühren. Noch 1-2 Stunden auf HIGH (LOW nicht empfohlen) garen, bis das Gemüse gar ist. Mit Erdnüssen, Koriander und nach Wunsch weiterer scharfer Sauce servieren.

TIPP

Falls das Gemüse (Sie können auch Möhren, Blumenkohl oder Bohnen dazugeben) viel Flüssigkeit abgegeben hat, ist die Sauce vielleicht zu dünn. Rühren Sie dann einen Teelöffel Speisestärke in etwas Wasser an und geben Sie das in den letzten 30 Minuten in den Topf.

TELLERFLEISCH

FÜR 6 PORTIONEN

5,5/6,5
LITER

LOW
10-12 h

HIGH
5-6 h

PREP
20 min

- *1 Bund Suppengemüse*
- *1,5 kg Rindfleisch zum Kochen z.B. hohe Rippe, Brust oder Vorderkeule*
- *2 l Wasser*
- *Salz, Pfefferkörner*
- *1 Lorbeerblatt*
- *1 Zwiebel, halbiert, Schnittflächen in der Pfanne braun geröstet*

Für die Zwiebelsauce:

- *500 g Zwiebeln*
- *80 g Butter oder Fett von der Brühe*
- *2 EL Mehl*
- *1-2 TL Senf*
- *1-2 EL heller Essig*
- *1 Prise Zucker*
- *Salz, Pfeffer*

Das Suppengemüse klein hacken und in den Einsatz des Slowcookers legen, obenauf das Fleisch geben. Wasser angießen (Topf darf ruhig ziemlich voll sein), Zwiebel, Lorbeerblatt und Pfefferkörner einlegen und mit 1-2 TL Salz würzen.

Fleisch etwa 10 bis 12 Stunden auf LOW oder 5 bis 6 Stunden auf HIGH garen, es muss sehr weich sein.

Für die Zwiebelsauce die fein gehackten Zwiebeln in einem Topf im Fett fünf bis zehn Minuten glasig andünsten, sie sollen nicht braun werden. Das Mehl hinzufügen und anschwitzen. Mit ca. 500 ml der Fleischbrühe auffüllen. Mit Salz, Pfeffer, Senf, Essig und Zucker abschmecken, einige Minuten köcheln lassen. Die Sauce heiß zum in dünne Scheiben geschnittenen Fleisch servieren.

RINDERGULASCH

FÜR 4 PORTIONEN

3,5 LITER

LOW 7-8 h | HIGH 3,5-4 h

PREP 20 min

- *4 EL Öl*
- *1-1,2 kg Rindergulasch*
- *Salz, Pfeffer*
- *3 gr. Zwiebeln, gehackt*
- *1 Knoblauchzehe, zerdrückt*
- *1-2 TL Senf (mittelscharf)*
- *1 EL Paprika, edelsüß*
- *1 Messerspitze Kümmel*
- *250-400 ml Wasser oder Brühe (auch aus Instant)*

Zum Andicken:

- *100 g saure Sahne*
- *1 EL Mehl*

Das Öl in einem Topf sehr hoch erhitzen und das Rindergulasch darin (am besten in 500-g-Portionen) braun braten, dabei mit Salz und Pfeffer würzen. Fleisch in den Slowcooker-Einsatz füllen.

Zwiebeln, Knoblauch, Senf, Paprika und Kümmel in den Bratentopf geben und ebenfalls bis zur gewünschte Bräunung rösten, dabei gelegentlich rühren.

Wasser bzw. Brühe angießen und die Sauce aufkochen, dann auf das Fleisch gießen. Mit Salz und Pfeffer abschmecken.

Auf Stufe LOW 7 bis 8 Stunden garen, auf HIGH sind es 3,5 bis 4. Zum Andicken Mehl in saurer Sahne anrühren, ins Gulasch rühren und weitere 15 Minuten auf HIGH garen.

Das hier ist unser Familienrezept für Rindergulasch – ohne Gedöns, ohne Wein in der Sauce. Bei meiner Mutter kommt noch eine Dose Champignons hinein.

TIPP

Finger Food

SPARE RIBS

FÜR 4 PORTIONEN

3,5 LITER

LOW 6-8 h | HIGH 3-4 h

PREP 10 min

- *1,5 kg Schweine-Schälrippe*
- *Pfeffer*
- *50 ml Apfelessig*
- *50 ml Apfelsaft*
- *50 ml Sojasauce*
- *30 ml Teriyaki-Sauce mit/ohne Knoblauch*
- *200 ml BBQ-Sauce nach Belieben*

Die Rippchen in Slowcooker-gerechte Stücke schneiden und mit Pfeffer einreiben (nach Wunsch auch mit Knoblauchpulver, falls Sie eine Teriyakisauce ohne Knoblauch verwenden). In den Einsatz des Slowcookers legen.

Apfelessig, Apfelsaft, Sojasauce und Teriyaki-Sauce verquirlen. Über die Rippchen gießen und garen, bis das Rippchenfleisch gar ist und beginnt, sich etwas von den Knochen zurückzuziehen – das dauert etwa 6 bis 8 Stunden auf Stufe LOW oder 3 bis 4 Stunden auf HIGH. Idealerweise einmal zwischendurch umschichten, damit alle Rippchen in Flüssigkeit gelegen haben.

Ofengrill auf 200 Grad Oberhitze einstellen (oder Gas- bzw. Holzkohlengrill im Garten mit mittlerer Hitze verwenden). Rippchen mit Barbecue-Sauce einpinseln und von beiden Seiten etwa 15 Minuten knusprig braten.

Superzart & tolle Sauce

WIENER SAFTGULASCH

FÜR 6 PORTIONEN

3,5
LITER

LOW **7-8 h** | HIGH --

PREP **30 min**

- *30 g Schmalz oder Butterschmalz*
- *1 kg Zwiebeln, in Würfeln*
- *1 kg Rindergulasch, von der Wade*
- *2 EL Rotweinessig*
- *400 ml Rinderbrühe*
- *2 Knoblauchzehen, zerdrückt*
- *½ TL Kümmel*
- *1 Lorbeerblatt*
- *50 g Tomatenmark*
- *2 EL Paprikapulver, edelsüß*
- *½ TL Salz*
- *frisch gemahlener Pfeffer*

Schmalz in einem ausreichend großen Topf erhitzen und Zwiebelwürfel darin bei mittlerer Hitze etwa 15 bis 20 Minuten goldbraun braten. Dabei gut beobachten und häufig umrühren, damit sie nicht anbrennen.

Zwiebeln in den Einsatz des Slowcookers geben. Rindfleisch in mundgerechte Stücke (max. 3 x 3 cm) schneiden und obenauf legen.

Bodensatz im Zwiebeltopf mit Essig und Brühe kurz loskochen. Knoblauch, Kümmel, Lorbeerblatt, Tomatenmark und Paprika dazugeben und auflösen, salzen und pfeffern. Alles über Fleisch und Zwiebeln geben. Falls Ihnen diese Flüssigkeitsmenge zu gering vorkommt: Nein, die reicht – beim Garen gibt das rohe Fleisch noch viel Flüssigkeit ab. Auf Stufe LOW 7 bis 8 Stunden garen, bis das Fleisch ganz weich ist.

TIPP

Wiener Saftgulasch wird nicht angedickt. Die große Menge an Zwiebeln sorgt für die Bindung. Wobei etwas Schmand am Ende oder Mehlbutter sicherlich nicht schadet.

Französisch & raffinierte Sauce

KALBSFRIKASSEE

FÜR 4-6 PORTIONEN

3,5 LITER

LOW 6-7 h | HIGH 3-3,5 h

PREP 25 min

- *1 EL Butterschmalz*
- *1-1,2 kg Kalbsgulasch, in nicht zu großen Würfeln*
- *Salz, Pfeffer*
- *300 g Möhren, in kl. Stücken*
- *1 Zwiebel, gehackt*
- *250 g Champignons, halbiert oder geviertelt*
- *1 Zwiebel, gespickt mit 4 Nelken*
- *1 Lorbeerblatt*
- *je 1 Zweig Rosmarin und Thymian, zusammengebunden*
- *400 ml Kalbsfond (fertig gekauft)*
- *400 ml Wasser*

Für die Sauce:

- *50 g Butter*
- *50 g Mehl*
- *100 g Crème fraîche*
- *1 TL Zitronensaft*
- *2 Eigelb*

Butterschmalz in einem Bräter erhitzen und das Kalbsgulasch darin rundum hellbraun anbraten, mit Salz und Pfeffer würzen. Möhren und Zwiebel hinzufügen und weitere fünf Minuten andünsten, bis die Zwiebel glasig (aber nicht braun) ist.

Alles in den Slowcooker-Einsatz umfüllen, Pilze, gespickte Zwiebel und Kräuter hinzufügen. Kalbsfond und Wasser angießen. Darauf achten, dass die Pilze unten liegen und von Flüssigkeit bedeckt sind. Auf Stufe HIGH etwa 3 bis 3,5 Stunden (LOW etwa 6) garen. Gespickte Zwiebel, Kräuter und Lorbeerblatt entfernen.

Für die Sauce in einem größeren Topf die Butter schmelzen, Mehl hinzugeben und sehr gut rühren, bis sich eine Paste bildet. Zwei bis drei Kellen des Fleischsuds hinzufügen und zu einer dicken Sauce kochen. Crème fraîche und Eigelb gut unterrühren. Sauce zurück zum Fleisch geben und alles gut vermischen. Mit Zitronensaft, Salz und Pfeffer abschmecken. Auf LOW oder WARM warm halten, aber nicht mehr auf HIGH stellen oder kochen.

TIPP

Zum edlen Kalbsfrikassee schmecken Salzkartoffeln oder Reis – die Franzosen bevorzugen Baguette!

TRUTHAHNBÄLLCHEN SÜSSSAUER

FÜR 4 PORTIONEN

LOW 6 h | HIGH 3 h

- *500 g Truthahn-Hack*
- *1 Ei*
- *2 Scheiben Toast, eingeweicht, ausgedrückt*
- *2 Frühlingszwiebeln, feinst gehackt*
- *1 Knoblauchzehe, zerdrückt*
- *1 Prise Ingwerpulver*
- *Salz, Pfeffer*

Gemüse:

- *2 Zwiebeln, in Achtel geschnitten*
- *1 rote Parikaschote, in Streifen*
- *½ Dose Ananasstücke (425 ml), abgegossen (Saft aufbewahren)*

Für die Sauce:

- *250 ml Ananassaft*
- *50 ml Ketchup*
- *1 EL Chilisauce (oder Sambal Oelek)*
- *je 3 EL Sojasauce und Essig*
- *1 EL Zucker*
- *150 ml Wasser + 1 EL Speisestärke*

Den Backofen auf 200 Grad Ober- und Unterhitze vorheizen, das Backblech mit Backpapier auslegen.

Die Zutaten für die Bällchen vermischen, bis sich eine glatte Masse ergibt. Daraus gut walnussgroße Kugeln formen und auf das Backblech geben, 15 Minuten backen, beiseitestellen.

Gemüse und Obst in den Slowcooker-Einsatz geben, die vorgebackenen Hackbällchen daraufgeben. Die Saucenzutaten verquirlen, über Gemüse und Fleisch gießen.

Das Gericht 3 bis 3,5 Stunden auf HIGH oder 6 Stunden auf LOW garen.

Sie können auch TK-Häckbällchen verwenden oder Putenschnitzel in Streifen von Anfang an mitgaren.

Indisch & superlecker

BUTTER CHICKEN

FÜR 4 PERSONEN

3,5
LITER

LOW | HIGH
6-7 h | 3-3,5 h

PREP
10 min

• 1 Zwiebel, feinst gehackt • 800 g Hühnerbrustfilet, mundgerecht geschnitten • 2 Knoblauchzehen, zerdrückt • 2 cm Ingwer, geschält und gerieben • 1 EL Currypulver (mild oder scharf) • 1 TL rote Currypaste (optional) • 1 TL Kurkuma • 1 EL Garam Masala • ½ TL Salz • Chilipulver nach Geschmack • 1 Döschen Tomatenmark (70 g) • 1 Dose Kokosmilch (400 ml) • 2 EL Joghurt • 2 EL flüssige Butter

Die Zwiebel auf den Boden den Slowcooker-Einsatzes streuen, darauf das Fleisch schichten. Alle sonstigen Zutaten verrühren und nach Wunsch abschmecken (wer es nicht so scharf mag, lässt das Chilipulver weg, verwendet mildes Currypulver und wenig Currypaste).

Das Gericht auf Stufe HIGH knapp 3,5 Stunden garen, auf LOW etwa 6 bis 7. Am Ende einmal gründlich durchrühren und mit Reis oder Naanbrot servieren, mit Petersilie oder Frühlingszwiebeln bestreuen.

TIPP

Von der Menge her passt sicherlich auch die 1,5-fache Menge in den kleinen Slowcooker, wenn Sie gerne mehr zubereiten möchten. Im 6,5-l-Topf lässt sich die 3-fache Menge kochen.

Würzig & gut für Gäste

PUTENRÖLLCHEN KRETA

FÜR 4 PORTIONEN

3,5 LITER

LOW **5-6 h** | HIGH **3 h**

PREP **20 min**

- *1 EL Olivenöl*
- *1 Zwiebel, groß, feinst gehackt*
- *1 Knoblauchzehe, zerdrückt*
- *300 g Blattspinat (TK), aufgetaut und ausgedrückt*
- *Salz, Pfeffer*
- *500 g passierte Tomaten*
- *1 EL Tomatenmark*
- *½ TL Oregano, getrocknet*
- *¼ TL Sumach, optional*
- *1 Prise Zucker, Salz, Pfeffer*
- *4 gr. Putenschnitzel*
- *100 g Schafskäse, gerieben*

Olivenöl in einem Topf erhitzen und darin Zwiebel und Knoblauch zugedeckt sehr glasig dünsten. Spinat in eine Schüssel geben, mit Salz und Pfeffer würzen. Die Hälfte der Zwiebelmischung dazugeben und gut durchmischen.

Auf die restliche Zwiebelmischung im Topf die Tomaten und das Tomatenmark geben, gut durchrühren. Mit Oregano, Sumach, Zucker, Salz und Pfeffer würzen, beiseitestellen.

Putenschnitzel sehr flach klopfen und durchschneiden, so dass sich acht Stücke ergeben. Leicht salzen und pfeffern, anschließend die Spinatfülle darüber verteilen und mit geriebenem Schafskäse bestreuen. Die Schnitzelchen einzeln eng aufrollen und mit der Naht nach unten in den Slowcooker legen. Tomatensauce darübergießen.

Auf Stufe HIGH knapp 3 Stunden garen, auf LOW sind es 5 bis 6 Stunden.

TIPP

Zu diesen Rouladen passen am besten Reis, Baguette und ein frischer griechischer Salat mit Gurke, Tomaten und Oliven.

Schmeckt auch mit Wildschwein

REHRAGOUT »A LA KALLE«

FÜR 6 PORTIONEN

3,5 LITER

LOW 6-7 h | HIGH 4 h

PREP 25 min

- *3 EL Butterschmalz*
- *1-1,2 kg Rehgulasch, in Würfeln*
- *400 g Zwiebeln, gewürfelt*
- *Salz, Pfeffer*
- *100 g Knollensellerie, fein gewürfelt*
- *2 Petersilienwurzeln, in feinen Würfeln*
- *1 Möhre, fein gewürfelt*
- *3 EL Tomatenmark*
- *150 g schwarzes Johannisbeergelee*
- *150 ml Rotwein*
- *200 ml Wildfond oder Brühe*
- *4 Lorbeerblätter*
- *10 Wacholderbeeren*
- *2 Pimentkörner*
- *¼ TL Korianderpulver*

Zum Andicken:

- *2 EL Mehl*
- *1 EL saure Sahne*
- *4 EL Wasser*

Die Hälfte des Butterschmalzes in einer Pfanne erhitzen, das Fleisch portionsweise darin anbraten, salzen und pfeffern, in den Einsatz des Slowcookers geben.

Im restlichen Fett auch Zwiebeln, Sellerie, Petersilienwurzeln und Möhre gründlich anbraten, das Tomatenmark und das Johannisbeergelee dazugeben und alles gut anrösten. Mit Rotwein und Brühe ablöschen, salzen und pfeffern und die Masse über das Fleisch geben. Die Gewürze einlegen.

3,5 Stunden auf Stufe HIGH oder 6 bis 7 Stunden auf Stufe LOW garen.

Alle Zutaten für das Andicken der Sauce verquirlen und in die Sauce rühren. Auf HIGH stellen und 30 Minuten eindicken lassen.

TIPP

Mein Schwager Kalle ist gelernter Koch und Jäger. Mit diesem Gericht hat er mich zum Wildessen bekehrt. Wer gerne viel Sauce mag, kann auch mehr Wein oder Wildfond angießen.

Raffiniert & leicht

LACHS MIT PANKOKRUSTE

FÜR 4 PORTIONEN

 3,5 LITER

 LOW -- | HIGH 1-1,5 h

 PREP 10 min

- *1 Bio-Zitrone*
- *800 g TK-Lachsfilet am Stück (oder 4 kl. Portionsfilets)*
- *Salz, Pfeffer*
- *200 ml Gemüsebrühe*

Für den Panko-Crunch:

- *4 EL Olivenöl*
- *1 Knoblauchzehe, zerdrückt*
- *4 gehäufte EL Panko (grobes Paniermehl, ersatzweise normales Paniermehl)*
- *¼ Bund Petersilie, gehackt*

Die Zitrone in feine Scheiben schneiden, die Hälfte unten in den Slowcookereinsatz legen. Das Lachsfilet waschen, trocknen, salzen und pfeffern und auf die Zitronen legen, obenauf restliche Scheiben verteilen.

Brühe angießen und auf Stufe HIGH 1 bis 1,5 Stunden, je nach Dicke der Filets, garen. Der Fisch ist gar, wenn er sich ganz leicht mit der Gabel zerteilen lässt (am Rand probieren).

Während der Fisch gart, den Crunch zubereiten: Öl mit Knoblauch in einem Topf kurz erhitzen, dann Panko und Petersilie zugeben. Alles so lange rösten, bis es hellbraun ist und aromatisch duftet.

Lachsfilets aus der Brühe heben, mit etwas Panko-Crunch bestreuen und mit einer Zitronenscheibe servieren.

TIPP

Sanft in Brühe gedünstet, bleiben Lachsfilets im Slowcooker supersaftig. Das Garverfahren eignet sich auch für andere dicke Fischfilets.

KÖNIGSBERGER KLOPSE

FÜR 4 PORTIONEN

3,5 LITER

LOW 4-5 h | HIGH --

PREP 20 min

Für die Klopse:

- *500 g gemischtes Hackfleisch*
- *2 kl. Eier*
- *1 kl. Zwiebel, sehr fein gehackt*
- *2 geh. EL Paniermehl*
- *2 EL gehackte Petersilie*
- *Salz, Pfeffer*

Für die Sauce:

- *60 g Butter*
- *60 g Mehl*
- *400 ml Milch*
- *Salz, Pfeffer, Muskat*
- *4 EL Kapernflüssigkeit*

Sonstiges:

- *1 EL Kapern*
- *100-200 g Sahne*
- *1 Schuss Zitronensaft*

Alle Zutaten für die Klopse zu einer glatten Masse verkneten und würzig abschmecken. Zu sechs Klopsen (gut walnuss- bzw. knapp mandarinengroß) formen und in den Einsatz des Slowcookers legen.

In einem separaten Topf die Butter schmelzen, das Mehl einrühren und kurz dünsten. Mit Milch aufgießen und unter ständigem Rühren aufkochen lassen. Mit Salz, Pfeffer, wenig Muskatnuss und etwas Kapernflüssigkeit abschmecken. Heiße Sauce über die Klopse gießen. Auf Stufe LOW etwa 4 bis 5 Stunden garen.

Anschließend Kapern unterheben und so viel Sahne einrühren, bis die gewünschte Konsistenz erreicht ist. Mit etwas Zitronensaft abschmecken. Noch 15 Minuten ziehen lassen.

TIPP

Dieses festliche Gericht lässt sich sehr gut vorbereiten, denn die fertig gelegte Platte mit Vitello Tonnato kann und sollte (mit Folie abgedeckt) einige Stunden im Kühlschrank durchziehen.

Edle Vorspeise aus Italien

VITELLO TONNATO

FÜR 6-8 PORTIONEN

3,5 LITER

LOW 8-10 h | HIGH 4-5 h

PREP 25 min

- *1-1,2 kg Kalbstafelspitz*
- *1 Bund Suppengemüse*
- *1 Zwiebel, halbiert*
- *1 Lorbeerblatt*
- *Salz*
- *einige Pfefferkörner*
- *100 ml Weißwein*

Für die Thunfischsauce:

- *2 Eier (Raumtemperatur)*
- *Saft von ½ Zitrone*
- *Salz*
- *je 200 ml Raps- und Olivenöl*
- *2-3 Anchovis-Filets*
- *1 EL Kapern*
- *1 Dose Thunfisch in Öl (150 g Abtropfgewicht)*

Zum Garnieren:

- *Kapern*
- *Zitronenscheiben*
- *Petersilie*

Das Kalbfleisch mit allen Gemüsen, Gewürzen, dem Wein und genügend Wasser (es soll weitgehend bedeckt sein) in den Slowcooker-Einsatz geben. Bevorzugt auf Stufe LOW 8 bis 10 Stunden garen – es soll weich sein, aber keinesfalls zerfallen. In der Brühe erkalten lassen (Deckel abnehmen).

Für die Thunfischsauce Eier, Zitronensaft und eine Prise Salz in einen Mixer geben. Kurz aufschlagen, dann durch die Öffnung im Deckel das Öl in einem dünnen, stetigen Strahl zugießen, dabei ständig mixen. Ist eine dicke, glatte Mayonnaise entstanden, Anchovis, Kapern und abgegossenen Thunfisch unterarbeiten. Nach Wunsch die Sauce mit einigen Esslöffeln erkaltetem (aber nicht gekühltem) Kochsud verdünnen.

Kalbfleisch abtrocknen, in dünne Scheiben schneiden und auf eine Platte legen. Mit Sauce abdecken und mit Kapern, Zitrone und Petersilie garnieren.

Edel & mit fruchtiger Sauce

ENTENBRUST

FÜR 4 PORTIONEN

3,5 LITER

LOW **5-6 h** | HIGH **2,5-3 h**

PREP **15 min**

- *4 Entenbrüste (etwa 320 g pro Stück)*
- *Salz, Pfeffer*
- *2 EL Bratöl*
- *250 g Schalotten, fein gewürfelt*
- *1 Glas entsteinte Süß- oder Sauerkirschen (Saft auffangen)*
- *1 Glas trockener Rotwein (150 ml)*
- *1 Tasse getrocknete Kirschen oder Cranberrys*
- *2-3 EL Speisestärke*

Die Haut der Entenbrüste kreuzförmig einritzen, das Fleisch kräftig salzen und pfeffern und in einer Pfanne mit stark erhitztem Öl kräftig von beiden Seiten anbraten, beiseitestellen.

Im Bratfett auch die Schalotten hellbraun andünsten. Die Kirschen mit 100 ml Saft in den Slowcooker geben, Wein, getrocknete Kirschen, Schalotten, Salz und Pfeffer dazugegeben. Obenauf die Entenbrüste mit der Haut nach oben legen.

Etwa 5-6 Stunden auf LOW garen oder 2,5 bis 3 Stunden auf HIGH.

Nach dem Garen das Fett von der Sauce abschöpfen und übrige Garflüssigkeit mit etwas in Wasser angerührter Speisestärke binden.

Mild-würzig & wenig Arbeit

HONIG-SENF-HÜHNCHEN

FÜR 4 PORTIONEN

3,5 LITER

LOW 5-6 h | HIGH 2,5-3 h

PREP 10 min

- *2 Zwiebeln, in sehr feinen Halbringen*
- *600 g Hühnchenbrustfilet*
- *Salz, Pfeffer*
- *60 g Honig, flüssig*
- *50 g Dijon-Senf (oder anderer mittelscharfer oder scharfer Senf)*
- *20 g süßer Senf (grob)*
- *2 EL Rotweinessig*
- *2 EL Olivenöl*
- *1 Knoblauchzehe, zerdrückt*
- *50 ml Wasser*

Zur Fertigstellung:

- *100 ml Sahne*
- *1 TL Speisestärke*

Die Zwiebeln im Keramik-Einsatz des Slowcookers verteilen. Das Fleisch in sechs bis acht, möglichst gleichmäßig dicke Stücke schneiden, obenauf legen und salzen und pfeffern.

Für die Sauce Honig mit den Senfsorten, Essig, Öl, Knoblauch und Wasser verrühren, auf das Fleisch gießen. Auf Stufe HIGH etwa 2,5 bis 3 Stunden garen, auf LOW sind es 5 bis 6.

Das Fleisch entnehmen und warm stellen. Sahne mit Speisestärke verrühren und in den Topf geben. Durchrühren und auf HIGH stellen. Fleisch wieder einlegen und die Sauce etwa 15 bis 20 Minuten andicken lassen.

TIPP

Dieses Sößchen ist wunderbar: süß-zwiebelig und leicht scharf. Am besten passen Kroketten oder Salzkartoffeln dazu.

Zartes, preisgünstiges Fleisch

OCHSENBÄCKCHEN

FÜR 4 PORTIONEN

- *2 Ochsenbäckchen im Ganzen (1 bis 1,3 kg)*
- *2 EL Butterschmalz oder Öl*
- *400 g gemischtes Wurzelgemüse (Möhren, Sellerie, Lauch, fein gehackt)*
- *1 große Zwiebel*
- *1 Knoblauchzehe, zerdrückt*
- *2 EL Tomatenmark*
- *100 ml Portwein*
- *200 ml Rotwein*
- *250 ml Rinderfond*
- *2 Thymianzweige*
- *2 Lorbeerblätter*
- *4 Wacholderbeeren*
- *1 TL Senf*
- *Salz, Pfeffer*

Grobe äußere Fettschichten vom Bäckchen schneiden. Jedes Bäckchen in zwei Stücke teilen, salzen und pfeffern. Das Butterfett in einem schweren Bräter hoch erhitzen und Bäckchen rundherum bei starker Hitze schön braun anbraten lassen. In den Slowcooker-Einsatz legen und auf LOW stellen, Deckel auflegen.

Gehacktes Wurzelgemüse, Zwiebel und Knoblauch im Bratfett anbraten, bis das Gemüse dunkel ist.

Das Tomatenmark zugeben, die Flüssigkeiten (Portwein, Wein und Fond) angießen, die Gewürze hinzugeben. Alles durchrühren, wallend aufkochen lassen und den Sud mit Gemüsen über die Ochsenbäckchen in den Slowcooker gießen. Eventuellen Bodensatz im Topf loskochen und auch für die Sauce verwenden.

Auf LOW etwa 7 bis 8 Stunden garen, auf HIGH etwa 3,5. Mit einem Piek mit der Gabel probieren, ob das Fleisch schon sehr weich ist – sonst weitergaren.
Die Ochsenbäckchen herausnehmen, die Sauce pürieren. Eventuell mit Saucenbinder andicken.

Klassischer Rinderbraten *wird genauso zubereitet. Den Portwein in der Sauce aber weglassen und durch entsprechend mehr Brühe ersetzen.*

Edles Gericht für Gäste

LENDCHEN IN TOMATENRAHM

FÜR 4 PORTIONEN

3,5 LITER

LOW **6 h** | HIGH **3 h**

PREP **15 min**

- *800 g Schweinefilet, in 12 Medaillons geschnitten*
- *12 Scheiben Frühstücksspeck*
- *1 El Olivenöl*
- *1 Zwiebel, feinst gehackt*
- *2 Knoblauchzehen, zerdrückt*
- *1 Dose Pizzatomaten (400 g)*
- *200 g Sahne*
- *50 g Tomatenmark*
- *1 TL ital. Kräuter, getrocknet*
- *Salz, Pfeffer*

Die Schweinemedaillons jeweils mit einer Scheibe Speck umwickeln und in den Einsatz des Slowcookers legen.

Für die Sauce das Öl erhitzen und Zwiebel und Knoblauch darin einige Minuten glasig braten. Pizzatomaten, Sahne und Tomatenmark dazugeben, alles gründlich durchrühren und mit den Gewürzen kräftig abschmecken. Sauce fünf Minuten köcheln lassen und heiß über das Fleisch gießen.

Knapp 3 Stunden bei Stufe HIGH oder 6 auf Stufe LOW garen. Mit Bandnudeln oder Brot servieren.

TIPP

Lendchen werden eigentlich kurz gebraten – aber auch so in Sauce gegart bleiben sie saftig. Die Garzeit sollte allerdings in etwa eingehalten und nicht groß verlängert werden.

Gesund & Familienfavorit

GEFÜLLTE PAPRIKA

FÜR 4 PORTIONEN

3,5 LITER

LOW 7-8 h | HIGH 3,5 h

PREP 20 min

- *500 g gemischtes Hackfleisch*
- *100 g Reis, gekocht*
- *1 Ei*
- *1 Zwiebel, fein gehackt*
- *1 Knoblauchzehe, durchgepresst*
- *Salz, Pfeffer*
- *Paprikapulver*
- *4 Spitzpaprikaschoten, rot oder gelb*
- *1 EL Öl*
- *1 EL Mehl*
- *500 ml Gemüsebrühe*
- *1 Dose Tomatenmark (70 g)*
- *1 Prise Zucker*

Aus Hackfleisch, Reis, Ei, Zwiebel und Knoblauch einen Hackfleischteig herstellen und mit den Gewürzen abschmecken.

Den Stielansatz der Paprikaschoten abschneiden, Kerne und Scheidewände herauskratzen. Die Fleischmasse in die Schoten füllen und aus dem Rest Hackfleischbällchen formen. Alles in den Einsatz des Slowcookers legen.

Das Öl in einem Topf erhitzen, das Mehl dazugeben und etwas anrösten. Mit Gemüsebrühe ablöschen, das Tomatenmark dazugeben und aufkochen lassen. Mit Salz, Pfeffer und etwas Zucker abschmecken. Über die Schoten und Fleischbällchen gießen.

Auf Stufe LOW etwa 7 bis 8 Stunden, auf HIGH etwa 3,5 Stunden garen.

TIPP

Genau wie Paprikaschoten lassen sich auch Zucchini und Auberginen (längs halbiert) oder Tomaten (Deckel abschneiden und aushöhlen) mit der Hackmasse füllen.

Unkompliziert & supersaftig

ZITRONENHUHN

FÜR 4 PORTIONEN

3,5
LITER

LOW | HIGH
-- | **3,5-4 h**

PREP
10 min

- *1 Brathuhn, 1,3 bis 1,6 kg*
- *Salz, Pfeffer*
- *1 Bio-Zitrone, in Scheiben*
- *4 Knoblauchzehen*
- *3 Spitzen Rosmarin*
- *etwas Thymian*
- *etwas Petersilie*

Das Huhn säubern, waschen und trocken tupfen. Innen und außen mit Salz und Pfeffer einreiben. Einige Zitronenscheiben zusammen mit den Knoblauchzehen und den Kräutern in das Huhn füllen. Restliche Zitronenscheiben auf das Fleisch legen. Den Braten in den Einsatz des Slowcookers setzen.

Auf Stufe HIGH etwa 3,5 bis 4 Stunden garen, je nach Größe des Huhns.

Backofengrill vorheizen, Huhn aus dem Topf nehmen und auf eine ofenfeste Platte setzen. Zehn Minuten bei 220 Grad übergrillen.

TIPP

Sie können auch Zwiebeln, Kartoffelwürfel oder Karottenscheiben als Gemüsebeilage unten in den Topf geben. Sie werden durch das austretende Fett des Hühnchens allerdings recht fettig. Das abschließende Übergrillen lasse ich aus, wenn ich das Fleisch für Geflügelsalat benötige – beim Sonntagsbraten braucht es aber die braune Kruste, finde ich.

TIPP

Bei diesem Gericht sollten Sie die Ausgabe nicht scheuen und ein Biohuhn oder eine Maispoularde kaufen. Dann brät auch kaum Flüssigkeit aus und das Fleisch bleibt saftig.

Raffiniert & für Festtage

KANINCHEN MIT BACKPFLAUMEN

FÜR 4 PORTIONEN

5,5/6,5 LITER

LOW **7-8 h** | HIGH **3,5-4 h**

PREP **20 min**

- *1 Kaninchen, küchenfertig, zerteilt*
- *Butterschmalz*
- *Salz, Pfeffer*
- *4 Zwiebeln*
- *6 Knoblauchzehen*
- *400 ml Gemüsebrühe*
- *200 g Backpflaumen ohne Stein*

Optional:

- *Rotwein und Sahne, zum Abschmecken*

Kaninchenteile in heißem Butterschmalz kurz anbraten, salzen und pfeffern. In den Slowcooker- Einsatz legen.

Zwiebeln im gleichen Topf anbraten. Knoblauch in Scheiben geschnitten zufügen und kurz mitbraten. Die Brühe angießen, Backpflaumen zufügen, gut verrühren und alles über die Kaninchenteile im Slowcooker geben.

3,5 bis 4 Stunden auf Stufe HIGH garen, auf LOW sind es 7 bis 8.

Das Fleisch herausnehmen und den Bratensud mit Zwiebeln und Backpflaumen pürieren. Nach Bedarf kann man noch Rotwein oder saure Sahne zur Sauce geben. Mit Salz und Pfeffer abschmecken, zu Knödeln und Rotkraut servieren.

TIPP

Wenn Sie die süßliche Note in der Sauce nicht mögen: Der Kaninchenbraten schmeckt auch hervorragend, wenn Sie Zwiebeln, Möhren, Sellerie und Räucherspeck im Bratfett rösten und später Rotwein oder Rinderfond angießen.

Schnelles

*Schnelles Langsamkochen? Genau!
Abgekürzt wird hier aber nicht der Garprozess,
sondern die Vor- und Zubereitung.
Also geht es in dieser Rubrik ohne Zwischenschritte
und es kommen auch Fertigprodukte zum Einsatz.*

Winterlich & sättigend

WIRSING-SCHICHTESSEN

FÜR 4 PORTIONEN

3,5 LITER

LOW **6-7 h** | HIGH **3-3,5 h**

PREP **15 min**

- *500 g mehlig kochende Kartoffeln, geschält, in 3 mm dünnen Scheiben*
- *500 g Wirsing, in feinen Streifen*
- *400 g Hack*
- *1 EL Öl*
- *1 Zwiebel, fein gewürfelt*
- *2 Knoblauchzehen, zerdrückt*
- *Salz, Pfeffer*
- *200 g Kräuter-Schmelzkäse*
- *200 ml heiße Gemüse- oder Fleischbrühe*

Den Slowcooker-Einsatz leicht einölen und erst die Kartoffeln, dann den Wirsing einschichten, jeweils leicht salzen und pfeffern. Deckel aufsetzen auf HIGH anstellen.

Das Öl erhitzen und darin das Hack mit Zwiebel und Knoblauch krümelig anbraten, mit Salz und Pfeffer würzen. Den Schmelzkäse mit Brühe glatt rühren.

Das Hack auf den Wirsing schichten, Käse-Brühe-Sud angießen und Deckel wieder aufsetzen. Auf Stufe HIGH etwa 3 bis 3,5 Stunden garen, auf LOW sind es 6 bis 7.

Rosenkohltopf: *Statt Wirsing 500 g geputzten Rosenkohl auf die Kartoffeln schichten und obenauf Klößchen aus 300 g rohem Bratwürstbrät legen. Begießen mit 400 ml Brühe, verquirlt mit 100 g Sahne-Schmelzkäse.*

Saftiger Braten & exotische Sauce

CURRY-PUTENBRATEN

FÜR 4 PORTIONEN

3,5
LITER

LOW **6-7 h** | HIGH **3-3,5 h**

PREP **5 min**

- *1 kg Putenrollbraten*
- *2-3 TL Curry (nach Geschmack mild oder scharf)*
- *200 ml Weißwein*
- *250 ml Kochsahne (Cremefine)*
- *200 g Mango-Chutney*
- *heller Saucenbinder (optional)*

Den Putenrollbraten mit Curry bestreuen und in den Slowcooker-Einsatz legen. Wein, Kochsahne und Chutney untermischen, kurz durchrühren.

Auf Stufe LOW 6 bis 7 Stunden (bevorzugt) oder 3 bis 3,5 Stunden auf HIGH garen. Bei Bedarf die Sauce mit Saucenbinder andicken.

TIPP

Normale Sahne kann ausflocken, daher verwende ich hier Kochsahne. Alternativ garen Sie den Braten nur in Wein und Chutney und geben »normale« Sahne erst am Ende dazu.

Hähnchen-Currypfanne: *Statt Pute 800 g Hähnchengeschnetzeltes mit 200 ml Kochsahne, 200 ml fertiger Curry-Grillsauce, 50 ml Ketchup und 200 g Pfirsichspalten aus der Dose mischen. 5 Stunden auf LOW garen.*

Superschnell vorbereitet

COLABRATEN

FÜR 8 PORTIONEN

3,5 LITER

LOW **10-11 h** | HIGH **5-5,5 h**

PREP **5 min**

- *2 Gemüsezwiebeln, in feinen Ringen*
- *1,5-1,8 kg Rinderbraten*
- *1 Tüte Zwiebelsuppenpulver (für 750 ml Flüssigkeit)*
- *1 Dose Cola (330 ml, keine Süßstoffvariante)*
- *150 ml Wasser*
- *1 EL Speisestärke zum Binden oder dunkler Saucenbinder*
- *Salz, Pfeffer*

Zwiebelringe auf den Boden des Slowcooker-Einsatzes streuen, Fleisch darauflegen. Zwiebelsuppe, Wasser und Cola verrühren, darübergießen, Topf schließen.

Auf Stufe LOW 10 bis 11 Stunden (bevorzugt) oder auf HIGH gut 5 Stunden garen.

Den Braten herausnehmen, warm stellen. Topf auf HIGH stellen und die Sauce mit angerührter Speisestärke oder Saucenbinder 15-30 Minuten binden. Mit Salz und Pfeffer abschmecken.

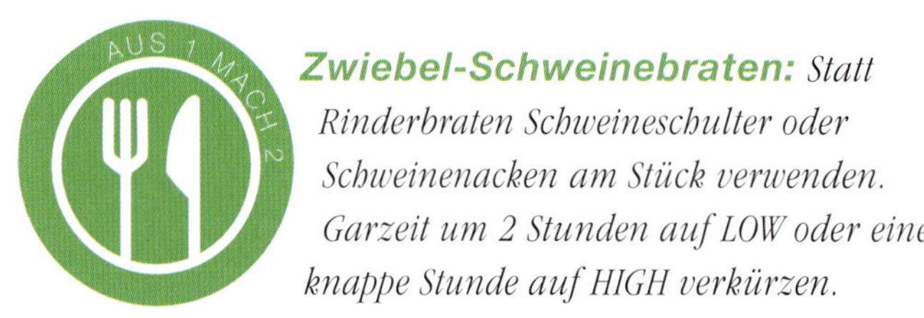

Zwiebel-Schweinebraten: *Statt Rinderbraten Schweineschulter oder Schweinenacken am Stück verwenden. Garzeit um 2 Stunden auf LOW oder eine knappe Stunde auf HIGH verkürzen.*

TIPP

Die braune Brause macht sich in der würzigen Sauce nur insofern bemerkbar, dass sie leicht süßlich, fast karamellisiert schmeckt. Und das Fleisch erst: Saftig-zart, wie zumindest ich es nur im Slowcooker oder beim Niedertemperatur-Garen im Backofen hinkriege! Dieser Braten gelingt auf LOW besser als auf HIGH.

Für die Familie & unkompliziert

LASAGNE MIT SPINAT

FÜR 8 PORTIONEN

6,5 LITER

LOW **6-7 h** | HIGH **3-3,5 h**

PREP **25 min**

- *600 g gemischtes Hack*
- *Salz, Pfeffer, Oregano, Prise Fenchel*
- *Zwiebel- und Knoblauchgranulat*
- *1 EL Öl*
- *2 Gläser Basilikum-Tomaten-Pastasauce (zu je 400 g)*
- *12-16 Lasagnenudeln (die Sorte, die man nicht vorkochen muss)*
- *500 g Ricotta*
- *50 g geriebener Parmesan*
- *200 g geriebener Mozzarella oder Pizzakäse*
- *100 g frischer Spinat, gewaschen und entstielt (ersatzweise TK-Blattspinat, aufgetaut und sehr gut abgetropft)*
- *einige Blättchen Basilikum oder glatte Petersilie*

Das Hack mit den Gewürzen in einer beschichteten Pfanne ohne Fett braun und krümelig braten, beiseitestellen. Den Slowcooker-Einsatz mit etwas Öl ausstreichen, bis 2 EL Sauce darin verstreichen, dann eine Lage Lasagnenudeln darin auslegen.

Ricotta mit Parmesan verrühren und etwa ein Viertel der Menge mit einem Teelöffel auf die Nudeln klecksen. Dann Tomatensauce esslöffelweise dazwischen geben, Käse und Hack aufstreuen und zuletzt einige Spinatblätter. Noch zwei- bis dreimal wiederholen: Nudeln – Ricotta – Tomatensauce – Käse – Hack – Spinat. Oben abschließen mit Hack.

Auf Stufe HIGH etwa 3 bis 3,5 Stunden garen, auf LOW sind es 6 bis 7. Mit Basilikum oder Petersilie garniert servieren.

TIPP

Statt fertiger Pastasauce und Hack können Sie natürlich auch die Bolognese von Seite 132 verwenden. Sie benötigen dann einen guten Liter.

TIPP

Lasagne aus dem Slowcooker? Ja, das klappt wunderbar – wenn man einen flachen, rechteckigen »Auflauf-Slowcooker« hat oder einen 6,5 l Topf benutzt. Für den muss man die Lasagnenudeln natürlich etwas zurecht knicken. In jedem Fall zieht der Auflauf schön durch, wird aber nicht matschig.

Einfach & für die Party

OFENSUPPE OHNE OFEN

FÜR 6 PORTIONEN

3,5 LITER

LOW **8 h** | HIGH **4 h**

PREP **10 min**

- *600 g Schweine-Schnitzelfleisch*
- *Salz, Pfeffer*
- *1 Knoblauchzehe, durchgepresst*
- *2 Zwiebeln, fein gehackt*
- *1 Dose Pilze (170 g Abtropfgewicht)*
- *1 Dose Paprika, abgegossen (165 g Abtropfgewicht)*
- *1 Dose Erbsen, abgegossen (230 g Abtropfgewicht)*
- *½ Dose Ananasstücke (425 ml, mit Saft)*
- *200 ml Curry-Ketchup*
- *1 Glas Chili-Grillsauce (320 g)*
- *500 ml Wasser*
- *200 g Schlagsahne*
- *Petersilie, gehackt*

Schnitzelfleisch in Streifen schneiden. Mit Salz und Pfeffer würzen, in den Slowcooker-Einsatz geben. Knoblauch, Zwiebeln, Gemüse und Ananas (mit etwas Dosenflüssigkeit) dazugeben, Ketchup, Sauce und Wasser unterrühren.

Deckel schließen und 4 Stunden auf Stufe HIGH oder (bevorzugt) 8 Stunden auf LOW garen.

Die Sahne einrühren, mit Salz und eventuell Chilipulver abschmecken und weitere 15 Minuten erhitzen. Vor dem Servieren mit gehackter Petersilie garnieren.

Ofensuppe ohne Ofen & ohne Fleisch funktioniert auch – verwenden Sie statt Schnitzelfleisch vegetarische »Filetstreifen«. Die vertragen die lange Garzeit meiner Erfahrung nach sehr gut.

TIPP

Leckere Sauce & schnell vorbereitet

SCHWEINEROULADEN ITALIA

FÜR 5 PORTIONEN

6,5 LITER

LOW **6-7 h** | HIGH **3-3,5 h**

PREP **10 min**

- *8 Schweineschnitzel oder Schweinerouladen*
- *Salz, Pfeffer*
- *8 TL Basilikum-Pesto (aus dem Glas)*
- *8 Scheiben Kochschinken*
- *8 Scheiben Provolone-Käse (oder milder Gouda)*
- *500 g passierte Tomaten*
- *2 EL Tomatenmark*
- *150 ml Wasser (oder Rotwein)*
- *2 TL Zucker*
- *getr. Oregano, getr. Rosmarin*
- *1 Knoblauchzehe, zerdrückt*
- *200 g Schlagsahne*

Schweineschnitzel platt klopfen, mit Salz und Pfeffer würzen und jeweils mit 1 TL Pesto bestreichen. Auf jedes Schnitzel eine Scheibe Kochschinken und eine Scheibe Käse legen. Aufrollen und mit einem Zahnstocher feststecken.

Fleischröllchen in den Slowcooker legen. Tomaten, Tomatenmark und Wasser verrühren, mit Zucker, den getrockneten Kräutern, Knoblauch, Salz und Pfeffer würzen und über das Fleisch gießen.

Etwa 6 bis 7 Stunden auf LOW garen, alternativ 3 bis 3,5 Stunden auf HIGH. In der letzten Stunde Schlagsahne einrühren. Dazu Bandnudeln oder Penne servieren.

BURRITOS TEXMEX

FÜR 6 PORTIONEN

3,5 LITER

LOW 6h | HIGH 3h

PREP 15 min

- *600 g Hühnerbrustfilet*
- *1 EL Taco-Gewürz (Packung)*
- *250 ml Salsa (mild oder scharf)*
- *1 rote Paprikschote, in Streifen*
- *1 Dose Gemüsemais (200 g Abtropfgewicht)*
- *1 Dose rote Bohnen (225 g Abtropfgewicht)*
- *4 Frühlingszwiebeln, gehackt*

Zum Servieren:
- *12 Weizenmehltortillas*
- *200 g saure Sahne*
- *200 g geriebener Käse*
- *½ Eisbergsalat, gehackt*
- *gehackter Koriander*

Hühnerbrustfilet in schmale Streifen schneiden und mit dem Tacogewürz vermischen. Fleisch, Gemüse und Salsa in den Keramikeinsatz des Slowcookers geben und gut durchrühren.

Auf Stufe LOW (bevorzugt) etwa 6 Stunden garen, auf HIGH sind es etwa 3 Stunden. Hähnchenfleisch mit Hilfe zweier Gabeln feiner zerzupfen, falls gewünscht.

Zum Servieren saure Sahne, Käse und Salat in Schüsseln füllen.

Tortillas befeuchten und abgedeckt oder in Folie gewickelt im Backofen bei 100 Grad etwa zehn Minuten erwärmen (oder kurz in die Mikrowelle geben). Mit den Garnituren servieren.

Bei Tisch füllt sich jeder Hühnchenfüllung in seine Tortilla und garniert nach Belieben mit Käse, saurer Sahne und Eissalat. Dann die Burritos unten zuknicken, aufrollen und das »Paket« aus der Hand essen!

TIPP

In diesem Rezept verstoße ich gleich gegen zwei meiner sonstigen Kochgewohnheiten: Ich verwende sonst selten TK-Hackbällchen oder Kochsahne. Erstere verkürzen die Vorbereitungszeit allerdings enorm, letztere stellt sicher, dass die Sauce nicht ausflockt.

Macht wenig Arbeit & für die Familie

KÖTTBULLAR

FÜR 6 PORTIONEN

3,5 LITER

LOW 6-7 h | HIGH 3-3,5 h

PREP 10 min

- *250 g Champignons (alternativ eine kl. Dose Pilze), in feinen Scheiben*
- *1 Zwiebel, sehr fein gehackt*
- *50 g Mehl*
- *50 g Butter*
- *2 Beutel TK-Hackbällchen (je 500 g)*
- *400 Kochsahne (»Cremefine«, 15 Prozent Fett)*
- *350-400 ml Wasser*
- *10 g getrocknete Steinpilze, zerbröselt (optional)*
- *1 gehäufter TL Instantbrühe*
- *Pfeffer*

Zum Servieren:

- *Preiselbeeren*
- *saure Sahne*

Die Pilze auf den Boden des Slowcooker-Einsatzes geben. Die Zwiebel mit Mehl und Butter in eine ausreichend große Schüssel geben und in der Mikrowelle zweimal 90 Sekunden garen, dazwischen umrühren (alternativ in einem Topf rösten). Die entstehende bröselige Paste (hat seine Richtigkeit so, löst sich später auf) auf die Pilze geben, die gefrorenen Hackbällchen darüber verteilen.

Kochsahne und Wasser verquirlen, Steinpilze (falls verwendet) hineinbröseln, mit Brühepulver und Pfeffer würzen.

Sauce in den Einsatz gießen und auf Stufe HIGH etwa 3 bis 3,5 Stunden garen, auf LOW sind es 6 bis 7.

Durchrühren und mit Preiselbeeren und einem Klecks saurer Sahne über Bandnudeln servieren.

SCHICHTFLEISCH

FÜR 8 PORTIONEN

3,5 LITER

LOW 10-11 h | HIGH 5-5,5 h

PREP 20 min

Für die Würzmischung (reicht für mehrere Male Schichtfleisch):

- *8 EL Paprika, edelsüß*
- *4 EL feines Salz*
- *4 EL Puderzucker*
- *¼ EL scharfes Chilipulver*
- *4 EL gemahlener Kreuzkümmel*
- *2 EL gemahlener schwarzer Pfeffer*
- *4 EL Knoblauchgranulat*

Sonstige Zutaten:

- *1,5-2 kg Schweinenacken ohne Knochen*
- *2 Gemüsezwiebeln*
- *50 g Bacon in dünnen Scheiben*
- *300 ml BBQ-Sauce (gekauft oder selbst gemacht, siehe Seite 134)*

Alle Zutaten für die Gewürzmischung in einer Schüssel mischen. Das Fleisch (falls noch nicht geschehen) von Sehnen und Fetträndern befreien und in etwa 1,5 cm dicke Scheiben schneiden. Mit der Würzmischung (je nach Wunsch reichhaltiger=schärfer oder sparsamer=milder) einreiben.

Die Gemüsezwiebeln abziehen und in dünne Ringe schneiden. Den Boden des Slowcooker-Einsatzes mit den Speckscheiben auslegen.

Den Topf auf die Seite kippen und die erste Schicht Fleisch hineinlegen (das Fleisch steht senkrecht zum Topfboden). Darauf einige Zwiebelringe geben, anschließend wieder Fleisch. Solange wiederholen, bis der Topf gefüllt ist.

Die Barbecuesauce mit Gewürzmischung (falls gewünscht) verrühren und über dem Fleisch verteilen. Den Deckel schließen und 5 bis 5,5 Stunden auf HIGH oder 10 bis 11 Stunden auf LOW garen. Mit viel Brot zum Aufstippen der Sauce servieren. Ausgetretenes Fett eventuell mit einem Löffel abnehmen.

Aufläufe & Beilagen

Aufläufe aus dem Slowcooker sind genau das Richtige
für den etwas größeren Hunger.
Dazu finden Sie in dieser Rubrik die (Gemüse-)Beilagen,
die Ihre Schmorgerichte komplettieren.

Für die Familie & viel Gemüse

SÜSSKARTOFFEL-AUFLAUF

FÜR 6 PORTIONEN

6,5 LITER

LOW **7-8 h** | HIGH **4 h**

PREP **25 min**

- *500 g Porree, in 1 cm Ringen*
- *1 EL Olivenöl*
- *400 g Rinderhack*
- *1 Zwiebel, in Würfeln*
- *1 Knoblauchzehe, zerdrückt*
- *Salz, Pfeffer*
- *400 g gehackte Tomaten (Dose)*
- *3 EL Tomatenmark*
- *Prise Zucker, etwas Thymian*
- *2 Eier*
- *200 g Schmand*
- *100 g Käse, gerieben*
- *1 kg Süßkartoffeln, geschält, in 2 mm dünnen Scheiben*

Eine Pfanne erhitzen und Porree im Öl einige Minuten lang bei mittlerer Hitze braten, bis er etwas bräunt, beiseitestellen.

In derselben Pfanne das Rinderhack mit Zwiebel und Knoblauch krümelig anbraten, bis es nicht mehr rosa ist. Mit Salz und Pfeffer würzen. Die Tomaten und das Tomatenmark zugeben, mit Zucker und Thymian abschmecken. In einer Schüssel Eier, Schmand und Käse verrühren.

Das Innere des Slowcookers mit etwas Butter oder Öl ausstreichen und nun den Auflauf schichten: Ganz nach unten die Hälfte der Süßkartoffeln (etwas pfeffern), bedecken mit der Hälfte der Lauch- und der Hackmasse. Obenauf wieder Süßkartoffeln, Lauch und Hack und dann den Schmand-Eierguss darübergießen.

Auf Stufe HIGH etwa 4 Stunden garen, auf LOW sind es 7 bis 8.

TIPP

Am schönsten wird dieser Auflauf im flachen, rechteckigen 3,5-l-Slowcooker. Falls Sie so einen nicht besitzen, funktionieren auch Töpfe mit 5,5 oder 6,5 Litern Volumen. Wichtig ist, dass Sie nicht zu hoch schichten, damit das Gemüse nicht zu weich wird.

Vegetarisch & schnell vorbereitet

AUBERGINENAUFLAUF

FÜR 4 PORTIONEN

3,5/5 LITER

LOW **8-9 h** | HIGH **4-4,5 h**

PREP **10 min**

- *1 EL Öl*
- *2 Auberginen*
- *Salz, Pfeffer, granulierter Knoblauch*
- *2 Kugeln Mozzarella (je 125 g)*
- *400 ml Pastasauce mit Basilikum*
- *50 g frisch geriebener Parmesan*

Den Einsatz des Slowcookers leicht mit dem Öl ausfetten. Auberginen in etwa fingerdicke Scheiben schneiden, von beiden Seiten mit Salz, Pfeffer und Knoblauch würzen. Den Mozzarella ebenfalls in dünne Scheiben schneiden und jeweils eine Auberginen- mit einer Käsescheibe belegen.

Die Scheiben dachziegelartig in den Slowcooker-Einsatz schichten. Mit Sauce bedecken, den geriebenen Parmesan obenauf streuen und Deckel aufsetzen.

Auf Stufe HIGH etwa 4-4,5 Stunden garen (LOW 8 bis 9), 15 Minuten bei offenem Deckel ziehen lassen. Mit Basilikumblättchen garnieren und zu knusprigem Brot servieren.

Clevere Resteverwertung

RACLETTE-KARTOFFELN

FÜR 4 PORTIONEN

3,5 LITER

LOW -- | HIGH 3,5-4,5 h

PREP 15 min

- *etwas Butter*
- *1-1,2 kg kleine Kartoffeln, z.B. Drillinge, vorw. festkochend*
- *150 g Raclette-Käse, gerieben*
- *1 Knoblauchzehe, in Scheibchen*
- *100 g Speck, in feinen Würfeln*
- *4 Frühlingszwiebeln, in Ringen*
- *Salz, Pfeffer*
- *Petersilie zum Garnieren*

Den Einsatz des Slowcookers leicht mit Butter einfetten. Die Kartoffeln waschen, gründlich schrubben und ungeschält in mundgerechte Stücke schneiden (je kleiner sie sind, desto kürzer später die Garzeit).

Kartoffeln und Knoblauch in den Slowcooker geben, mit Käse, Zwiebeln (jeweils 1/4 zurückbehalten) und Speck (ebenfalls etwas abnehmen) vermischen. Sparsam salzen (denn Käse und Speck geben auch Würze ab) und kräftig pfeffern.

Auf Stufe HIGH 3,5 bis 4,5 Stunden (LOW nicht empfohlen) garen, bis die Kartoffeln weich sind. Zum Servieren restlichen Käse und Zwiebeln sowie Speckwürfel (kurz anbraten) darübergeben und mit Petersilie bestreuen.

TIPP

Dieses Kartoffelgericht gibt es bei uns am Tag nach dem Raclette – wer mag, kann auch andere »Restgemüse« wie Paprikawürfel oder Mais darin verwerten. Obwohl das unserer (und erst recht der Schweizer) Raclettetradition sowas von widerspricht.

One-Pot-Gericht & für Kinder

NUDEL-HACK-PFANNE

FÜR 4 PORTIONEN

3,5 LITER

LOW **6-7 h** | HIGH **3-3,5 h**

PREP **15 min**

- *1 EL Öl*
- *400 g Rinderhack*
- *1 Zwiebel, fein gehackt*
- *1 Knoblauchzehe, zerdrückt*
- *Salz, Pfeffer, Paprikapulver*
- *1 gelbe oder rote Paprikaschote, in Streifen*
- *75 g frischer oder TK-Blattspinat, aufgetaut und ausgedrückt*
- *350 ml Brühe (selbst gekocht oder aus Instant)*
- *500 g passierte Tomaten*
- *1 TL getr. italienische Kräuter (Oregano, Basilikum, Thymian)*
- *200 ml Milch*
- *330 g Nudeln (Makkaroni, roh)*
- *100 g geriebener Käse*

Im heißen Öl Hack mit Zwiebel und Knoblauch krümelig anbraten, mit Salz, Pfeffer und Paprika kräftig würzen. In den Einsatz des Slowcookers geben, Paprikaschote und Spinat aufstreuen.

Brühe und passierte Tomaten verquirlen, mit Salz, Pfeffer und den Kräutern abschmecken, auf das Hack gießen. Auf Stufe LOW etwa 6 bis 7 Stunden garen, auf HIGH sind es 3 bis 3,5 Stunden.

Milch kochend heiß erhitzen (Mikrowelle) und zusammen mit den rohen Nudeln in den Slowcooker geben. Durchrühren und auf HIGH etwa 30 Minuten erhitzen, bis die Nudeln gar sind. Käse unterrühren.

Sobald Sie die Nudeln gegart haben, verträgt dieses praktische und leckere One-Pot-Gericht keine Wartezeiten mehr – die Pasta wird sonst matschig. Also sofort servieren – oder die Hack-Tomaten-Masse solo warm halten, wenn Sie noch auf Esser warten.

TIPP

Aus Österreich & fettarm

KARTOFFELSALAT

FÜR 4 PORTIONEN

3,5 LITER

LOW -- | HIGH **3-3,5 h**

PREP **20 min**

- *1 kg vorw. festkochende Kartoffeln, geschält, in 2 mm dünne Scheiben geschnitten*
- *800 ml Geflügel- oder Gemüsebrühe (kräftig gewürzt, bevorzugt selbst gemacht)*

Für das Dressing:

- *6 EL Öl*
- *6 EL Essig*
- *2 TL Senf*
- *Prise Zucker*
- *Salz, Pfeffer nach Geschmack*
- *2 Frühlingszwiebeln, in feinste Ringe geschnitten*
- *100 g Feldsalat, geputzt*
- *2 EL Kürbiskernöl (optional)*

Kartoffelscheiben in den Einsatz des Slowcookers geben. Brühe in der Mikrowelle oder auf dem Herd sehr heiß machen, aufgießen. Auf Stufe HIGH etwa 3 bis 3,5 Stunden garen, bis die Kartoffeln gar sind, aber noch nicht zerfallen.

So viel Gemüsebrühe abgießen (und anderweitig verwenden), dass nur noch ein Zentimeter Flüssigkeit auf dem Boden verbleibt.

Alle Zutaten für das Dressing verrühren, abschmecken und über die noch warmen Kartoffeln geben, Frühlingszwiebeln vorsichtig untermengen.

Kartoffelsalat etwa 30 Minuten mit geöffnetem Deckel im Einsatz des ausgeschalteten Slowcookers ziehen lassen, dann den Feldsalat untermischen, das Kürbiskernöl zugeben und sofort servieren.

Bayrischer Kartoffelsalat: *Keinen Feldsalat unterheben, sondern etwa 250 Gramm Salatgurke in feinsten Scheibchen verwenden.*

TIPP

Das ist mein liebster Kartoffelsalat: Fein gewürzt und viel fettärmer als norddeutsche Mayonnaisen-Varianten. Bei uns gab es Berner Würstl dazu – aber jedes beliebige Brat- und Grillfleisch schmeckt auch.

TIPP

Bitte verwenden Sie für das Gericht unbedingt Parboiled-Reis und halten Sie Garstufe und Garzeit ein. Sonst erhalten Sie schnell matschigen Reis – das wäre doch schade!

PAELLA-REISPFANNE

FÜR 6 PORTIONEN

3,5 LITER

LOW -- | HIGH 3-3,5 h

PREP 15 min

- *500 g Hähnchenbrust, in Streifen geschnitten*
- *100 g Chorizo (scharfe spanische Wurst), in kleinen Würfeln*
- *1 gr. Zwiebel, in Ringen*
- *1 EL Olivenöl*
- *600 ml Hühnerfond (selbst gekocht oder aus Instant)*
- *1 Dose Tomaten (400 ml), zerdrückt*
- *1 Knoblauchzehe, zerdrückt*
- *Salz, Pfeffer, getrockneter Oregano*
- *½ Döschen Safran*
- *320 g Parboiled-Langkorn-Reis*
- *1 rote Paprikaschote, in kleinen Würfeln*
- *200 g Erbsen (TK oder Konserve), aufgetaut*

Optional:

- *12 gebratene Jumbo-Shrimps*

Hähnchenfleisch, Wurst und Zwiebel in dem Öl in einer Pfanne kurz bei hoher Hitze braun anbraten. In den Slowcooker-Einsatz geben und die restlichen Zutaten (bis auf Erbsen und Paprika) dazugeben. Durchrühren und mit den Gewürzen abschmecken.

Deckel aufsetzen und etwa 2,5 bis 3 Stunden auf Stufe HIGH garen.

Anschließend Paprika und Erbsen vorsichtig mit einer Gabel untermischen und weitere 30 Minuten auf HIGH garen, bis das Gemüse gar ist.

Orientalisch & vegetarisch

GEMÜSETOPF MAROKKO

FÜR 4-6 PORTIONEN

3,5 LITER

LOW 6-8 h | HIGH 3-4 h

PREP 20 min

- *1 EL Olivenöl*
- *3 Schalotten, gehackt*
- *1 Möhre, fein gewürfelt*
- *1 gelbe Paprika, fein gewürfelt*
- *1 Knoblauchzehe, fein gewürfelt*
- *1 TL fr. Ingwer, gerieben*
- *½ TL Kreuzkümmel*
- *½ TL Zimt*
- *½ TL Paprikapulver*
- *¼ TL Kurkuma*
- *250 g grüne Bohnen (TK oder Konserve)*
- *1 Dose Kichererbsen (abgetropft, 225 g)*
- *400 g Pizzatomaten (Dose)*
- *50 g Aprikosen, getrocknet*
- *300 ml Gemüsebrühe*
- *1 EL Zitronensaft*
- *Salz, Pfeffer*
- *50 g Erbsen (TK oder Konserve)*
- *1 EL Petersilie, gehackt*

In einer Pfanne das Öl erhitzen, Schalotten, Möhre, Paprika und Knoblauch zugeben und ca. 5 Minuten andünsten. Ingwer und die Gewürze zufügen und etwa ½ Minute mit erhitzen, um die Aromen zu entfalten.

Die Mischung in den Slowcooker-Einsatz geben, in Stücke geschnittene Bohnen, Kichererbsen, Tomaten, gehackte Aprikosen, Brühe und Zitronensaft hinzufügen. Mit Salz und Pfeffer würzen. Den Deckel aufsetzen und auf Stufe LOW für 6 bis 8 Stunden garen. Auf HIGH sind es 3 bis 4 Stunden, je nach Größe der Gemüsestücke.

20 Minuten vor dem Servieren die aufgetauten Erbsen zufügen. Nach Wunsch nachwürzen und heiß servieren, mit Petersilie bestreuen.

TIPP

Wer nicht auf Fleisch verzichten mag, kann auch 300 g Lammfleisch in kleinen Würfeln von Anfang an mitschmoren.

TIPP

Servieren Sie diesen orientalisch-süßlich gewürzten Gemüsetopf auf Couscous (gedämpftem Grieß) mit Harissa, der typisch marokkanischen scharfen Gewürzpaste.

Preiswerte Beilage

GEBACKENE BOHNEN

FÜR 12 PORTIONEN

- *500 g weiße Bohnen, getrocknet*
- *8 EL Ketchup*
- *2 gehäufte EL Tomatenmark*
- *2 EL Ahornsirup*
- *1 EL scharfer Senf*
- *1 Prise Natron*
- *1 Zwiebel, mit 4 Nelken gespickt*
- *Salz, Pfeffer*

Bohnen über Nacht in reichlich kaltem Wasser einweichen, am nächsten Tag abgießen und in den Keramikeinsatz des Slowcookers geben.

Die Bohnen mit Ketchup, Tomatenmark, Ahornsirup Senf und Natron vermengen, die Zwiebel in die Mitte drücken. Mit kochendem Wasser aufgießen, sodass die Bohnen zwei bis drei Zentimeter bedeckt sind.

Etwa 7 Stunden auf HIGH oder 12 bis 13 Stunden auf LOW garen, bis die Bohnen ganz weich sind. Gegebenenfalls weiteres Wasser nachfüllen. Erst ganz zum Schluss kräftig salzen und pfeffern.

TIPP

Gebackene Bohnen sind ganz typisch zum englischen Frühstück. Außerdem gehören noch Toast, Spiegeleier, Speck, gebratene Pilze und (wer mag) Blutwurst dazu. Genau – ganz schön mächtig! Bei uns ist das daher meist ein Brunchgericht.

Süßes

Etwas Süßes braucht der Mensch – naja, zumindest manchmal! Daher finden Sie in diesem Abschnitt Rezepte für Kuchen, Kompott und Desserts, die sich ohne großen Aufwand im Schongarer zubereiten lassen.

Fruchtig & gut für Gäste

BIRNEN-CRUMBLE

FÜR 4-6 PORTIONEN

3,5 LITER

LOW 5-6 h | HIGH 2,5-3 h

PREP 20 min

- *1 kg Birnen*
- *1 EL Zitronensaft*
- *2-3 EL Zucker (nach Geschmack mehr)*
- *75 ml Apfelsaft oder Weißwein*
- *15 g Speisestärke*
- *50 g getr. Cranberrys oder Rosinen*

Für die Streusel:

- *125 g Mehl*
- *50 g Haferflocken, kernig*
- *100 g brauner Zucker*
- *100 g Butter, sehr weich*
- *Prise Salz, Prise Zimt*

Die Birnen schälen, putzen und in mundgerechte Stücke schneiden. In den Einsatz des Slowcookers geben. Zitronensaft, Zucker, Saft und Speisestärke verquirlen und auf das Obst gießen. Trockenfrüchte untermischen.

Alle Zutaten für die Streusel in eine Schüssel geben und mit einer Gabel so lange vermengen, bis sich grobe Streusel bilden.

Die Streusel über die Obstmasse krümeln, Deckel aufsetzen. Auf Stufe HIGH 2,5 bis 3, auf LOW 5 bis 6 Stunden garen. Lauwarm mit Vanilleeis oder Sahne servieren.

AUS 1 MACH 3

Apfel-Crumble: *Statt Birnen Äpfel verwenden (Boskoop sind sehr lecker). Rosinen oder gehackte Nüsse den Streuseln zufügen.*

Beeren-Crumble: *Statt Birnen gemischte Beeren oder TK-Beerenmischung verwenden, etwas mehr süßen und 25 g Speisestärke verwenden.*

Ohne Aufwand

MILCHREIS MIT ORANGE

FÜR 4 PORTIONEN

- *150 g Milchreis, Rundkornreis oder italienischer Arborio-Reis*
- *1 Liter Milch*
- *¼ Vanilleschote, aufgeschlitzt*
- *1 Bio-Orange, Schale ohne weiße Schicht*
- *1 Bio-Zitrone, Schale ohne weiße Schicht*
- *1 Stück Zimtstange, ca. 5 cm*
- *1 Prise Salz*
- *2-3 EL Zucker*

Alle Zutaten in den Keramikeinsatz des Slowcookers geben und einmal gut durchrühren. Topf auf HIGH stellen und 2,5 bis 3 Stunden garen (LOW nicht empfohlen). Falls möglich, zwischendurch einmal rühren.

Gewürze und Schale herausfischen und den Reis lauwarm oder kalt servieren, eventuell mit Früchten oder Fruchtsauce.

TIPP

Für die Verwendung von Zitrusschale sollten sie die Früchte mit einem Zestenreißer oder Sparschäler schälen. Gerichte mit Milch gare ich nur in Ausnahmefällen auf Stufe LOW, da durch die lange Garzeit ein Säuerungsprozess in Gang gesetzt werden kann. Damit Milch oder Sahne nicht ausflocken, gebe ich diese erst ganz zum Schluss zu oder gare –wie hier – auf HIGH.

Festerer Milchreis: *Die Milchmenge auf 800 ml verringern, Gewürze weglassen. Mit Zimtzucker servieren.*

Veganer Kokos-Milchreis: *Reismenge beibehalten, 2 Dosen Kokosmilch (je 400 ml) als Flüssigkeit verwenden. Mit Kokosblütenzucker süßen. Mit Mangosauce oder Obstkompott servieren.*

Sommerlich & schnell

RHABARBER-ERDBEER-KOMPOTT

FÜR 4 PERSONEN

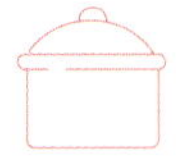

1,5/2,4
LITER

LOW | HIGH
-- | **2,5 h**

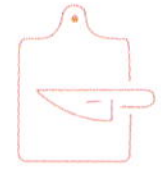

PREP
15 min

• 500 g Rhabarber (geputzt) • 3 EL Zucker (oder mehr nach Geschmack) • 3 EL Holunderblüten-Sirup • 3 EL Weißwein • 250 g Erdbeeren

Den geputzten Rhabarber in etwa fünf Millimeter dicke Stücke schneiden und in den Slowcooker-Einsatz geben. Mit Zucker bestreuen und die Flüssigkeiten angießen.

Deckel aufsetzen und knapp 2 Stunden auf Stufe HIGH garen.

Erdbeeren putzen, in kleine Stücke schneiden und zum vorgegarten Rhabarber geben. Durchrühren und weitere 30 Minuten garen.

Saftig & schnell

SCHOKO-ERDNUSS-KUCHEN

FÜR 12 STÜCKE, **FOTO AUF SEITE 4**

3,5 LITER

LOW **2,5-3 h** | HIGH **--**

PREP **15 min**

- *185 g Mehl*
- *25 g Kakaopulver*
- *1 TL Backpulver*
- *115 g Butter*
- *200 g Zartbitter-Schokolade*
- *175 g Zucker*
- *3 Eier*
- *125 g Erdnussbutter, sehr weich*
- *75 g Erdnüsse*

Zum Verzieren:

- *Erdnüsse, Schokosauce oder gehackte Erdnussbutter-Pralinen*

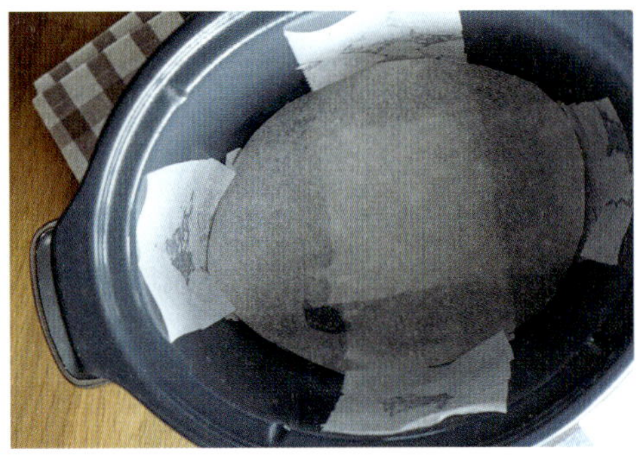

Den Slowcooker leicht einfetten, zwei Backpapierstreifen über Kreuz hineinlegen, zugeschnittenes Backpapier auf den Boden legen. Mehl, Kakao und Backpulver in einer Schüssel vermengen. Butter und Schokolade in einem Topf bei sanfter Hitze schmelzen, in eine Rührschüssel geben.

Eier und Zucker zur Schokobutter geben, mit einem Schneebesen verrühren, die Mehlmischung kurz einrühren. Den Teig in den Slowcooker geben, die Erdnussbutter in Flocken obenauf geben und vorsichtig mit den Erdnüssen mit einer Gabel unterziehen.

Ein doppelt gefaltetes Küchentuch auf den Slowcooker legen, den Deckel aufsetzen. Auf Stufe LOW etwa 2,5 bis 3 Stunden garen, bis der Kuchen am Rand gar und in der Mitte nicht mehr zu feucht ist. Idealerweise den Einsatz nach 1,5 Stunden um 180 Grad drehen (Vorderseite nach hinten), damit die Bräunung gleichmäßiger wird.

Deckel und Tuch abnehmen, den Kuchen in der Form auskühlen lassen, erst dann entnehmen und verzieren.

Fruchtig & für den Vorrat

APFEL-QUITTENMUS

FÜR 8 PORTIONEN

 **3,5** LITER

 LOW **8-12 h** | HIGH **4-6 h**

 PREP **20 min**

- *1 kg Äpfel, vorbereitet gewogen*
- *400 g Quitten, vorbereitet gewogen*
- *4-6 EL Zucker, gehäuft*
- *100 ml Apfelsaft*
- *1 Messerspitze Vanillemark (optional)*

Äpfel und Quitten schälen, entkernen und in Stücke schneiden (die Quittenstücke wesentlich kleiner als die Apfelstücke).

Obst mit Zucker und Apfelsaft in den Einsatz des Slowcookers geben und durchrühren. Deckel aufsetzen und etwa 3 bis 4 Stunden auf Stufe HIGH garen.

Deckel abnehmen, durchrühren und 1 bis 2 weitere Stunden auf HIGH garen, bis das Mus etwas eindickt. Mit einem Kartoffelstampfer zerdrücken und gekühlt aufbewahren.

AUS 1 MACH 3

Apfelmus: *Nur Äpfel verwenden und am Ende mit Zimt würzen.*

Apple Butter (dick eingekochtes Apfelmus): *Nur Äpfel verwenden und fertige Masse am Ende 3 bis 4 Stunden auf HIGH mit schräg aufgesetztem Deckel dunkel einreduzieren lassen.*

Herbstlich & nicht so süß

PFLAUMENMUS

FÜR 6 KLEINE GLÄSER

3,5 LITER

LOW **10-12 h** | HIGH **2-6 h**

PREP **20 min**

- *2-2,5 kg reife Zwetschgen (Backpflaumen), gewaschen, entsteint und in grobe Stücke geschnitten*
- *1-3 EL brauner Zucker (alternativ weißer Zucker)*
- *1 Schuss Rotwein (oder Wasser, max. 75 ml)*
- *Zimt, Vanillepulver, Rum oder Amaretto (optional)*

Den Topf bis zu zwei Dritteln Höhe mit den Pflaumenstücken füllen, den Zucker aufstreuen – ruhig erst mit wenigen Esslöffeln beginnen, wenn die Früchte schön reif sind. Den Rotwein angießen.

Deckel aufsetzen und auf Stufe LOW über Nacht (10 bis 12 Stunden) garen.

Am nächsten Morgen Deckel abnehmen und Früchte mit dem Pürierstab kurz pürieren. Den Slowcooker auf HIGH stellen.

Ohne Deckel weiter garen, bis die gewünschte Dicke erreicht ist, dabei stündlich rühren. Je nach Slowcooker-Modell dauert das zwischen 2 und 6 Stunden.

Nach Wunsch Alkohol und weitere Gewürze einrühren, evtl. mit weiterem Zucker abschmecken und sofort in sterilisierte Gläser füllen.

TIPP

Dieses Rezept funktioniert auch für jede andere Topfgröße – aber bitte füllen Sie den Topf auch wirklich zu zwei Dritteln. Ist nur eine »Pfütze« drin, brennt es auch im Slowcooker an.

Brühen & Saucen

*Ihr Slowcooker kann mehr als Schmorgerichte und Suppen:
In diesem Abschnitt finden Sie daher Leckeres für den Vorrat,
Basisrezepte und natürlich die weltbeste Bolognese!*

Unverzichtbare Basis & vegan

GEMÜSEBRÜHE

ERGIBT 5 FLASCHEN À 500 ML

3,5 LITER

LOW **8-9h** | HIGH **4-4,5h**

PREP **10 min**

- *2 Zwiebeln, halbiert*
- *1 Bund Suppengrün, in Würfeln*
- *1 Kartoffel, mit Schale, gewürfelt*
- *3 Knoblauchzehen, mit Schale, zerstoßen*
- *1 EL Öl*
- *6 Stengel Liebstöckel (optional)*
- *1 Bund Petersilie, grob gehackt*
- *4 Steinpilze, getrocknet, in 250 ml heißem Wasser eingeweicht*
- *2 Lorbeerblätter*
- *½ TL Pfefferkörner*
- *1 TL Salz*
- *Wasser*

Alle Gemüse putzen, schneiden und in den Einsatz des Slowcookers geben, Öl und die Gewürze hinzufügen. Mit so viel Wasser auffüllen, dass der Slowcooker bis 4 Zentimeter unter den Rand gefüllt ist.

Den Deckel aufsetzen und etwa acht bis neun Stunden auf Stufe LOW garen – das können Sie auch gut über Nacht erledigen. Auf HIGH beträgt die Garzeit vier bis 4,5 Stunden.

Die fertige Brühe leicht abkühlen lassen und durch ein feinmaschiges Sieb (mit einem Küchentuch ausgelegt) in einen Topf abseihen. Sofort nutzen oder noch einmal aufgekocht heiß in sterile Flaschen abfüllen, siehe auch Seite 131.

Verwenden Sie auch Schalen und Abschnitte anderer Gemüsesorten, zum Beispiel Pastinake, Petersilienwurzel, Staudensellerie, Pilze – außer Rotkohl und rote Bete passt fast alles!

Grundrezept & für den Vorrat

GEFLÜGELBRÜHE

ERGIBT 8 FLASCHEN À 500 ML

6,5 LITER

LOW **8-10 h** | HIGH **4-5 h**

PREP **10 min**

- *2 Zwiebeln, groß*
- *2 Stangen Porree*
- *1 Tomate*
- *1 Knoblauchzehe*
- *5 Stangen Staudensellerie (oder 250 g Sellerieknolle)*
- *4 Möhren*
- *1,5 kg Geflügelkleinteile (Flügel, Knochen oder Rücken)*
- *3,5-4 l Wasser*
- *2 TL Salz*
- *8 Pfefferkörner, schwarz*
- *1 Lorbeerblatt*
- *1 Pimentkorn*

Gemüse putzen, säubern und in grobe Stücke schneiden. Mit den restlichen Zutaten in den Schongarer geben und 8 bis 10 Stunden auf Stufe LOW (oder 4 bis 5 Stunden auf HIGH) garen.

Die Knochen aus der Brühe nehmen und nach dem Erkalten das Fleisch von den Knochen lösen – zum Beispiel als Suppeneinlage oder für Geflügelsalat verwenden. Brühe durch ein Sieb gießen, um die groben Teile zu entfernen. Flüssigkeit nochmals filtrieren, am besten durch ein Küchentuch. Sofort nutzen oder noch einmal aufgekocht heiß in sterile Flaschen füllen, siehe auch Seite 131.

AUS 1 MACH 3

Heller Fleischfond: *Verwenden Sie statt Geflügelteilen Fleischknochen vom Schwein.*

Dunkler Fleischfond: *Verwenden Sie statt Geflügelteilen Fleischknochen von Rind, Lamm oder Wild. Braten Sie diese in etwas heißem Butterschmalz in einem großen Topf rundum scharf an und rösten Sie am Ende auch 2 EL Tomatenmark mit, bevor Sie die Knochen zu den anderen Zutaten in den Slowcooker geben.*

Wichtig zu wissen

BRÜHEN KLÄREN & HALTBAR MACHEN

Und so verarbeiten Sie Ihre Brühen weiter:

- Zu fette Brühen lassen Sie erkalten, um abschließend das erstarrte Fett einfach abzuheben. Auch Fett-Trenn-Kännchen funktionieren gut.
- Da Sie den Slowcooker während der Brühe-Zubereitung nicht zum Abschöpfen von Eiweißstoffen öffnen sollten, ist die entstehende Flüssigkeit womöglich trübe. Klären Sie sie, indem Sie ein Sieb mit einem groben Küchentuch auslegen und die Brühe hindurch filtern.
- Ist die Flüssigkeit zum baldigen Verbrauch bestimmt, stellen Sie sie, abgefüllt in sterilisierte Schraubdeckelgläser, in den Kühlschrank.
- Möchten Sie sie länger aufbewahren (zwei bis vier Wochen), so kochen Sie die Brühe auf und füllen Sie sie sofort in sterilisierte Gläser mit Schraubdeckel. Stellen Sie die Gläser für zehn Minuten auf den Kopf, drehen Sie sie danach erst um und lassen sie erkalten. Kühl und dunkel aufbewahren, zum Beispiel im Keller.
- Monatelange Haltbarkeit erzielen Sie, wenn Sie Brühe in Plastikdosen einfrieren. Benutzen Sie Eiswürfelformen, so haben Sie immer passende kleine Portionen zur Hand. Echtes Einkochen in Flaschen oder Gläsern erfordert 30 Minuten bei 100 Grad.

TIPP

Eine selbst gekochte Brühe ist dem Brühwürfel haushoch überlegen. Verarbeiten Sie preiswerte Fleischabschnitte sowie weniger ansehnliches Gemüse und Sie erhalten für wenig Geld eine optimale Grundlage für Suppen und Eintöpfe. Und Arbeit haben Sie kaum: Zutaten nach Wunsch anrösten, Flüssigkeit aufgießen, (über Nacht) schmurgeln lassen, fertig!

Familienfavorit & für den Vorrat

WELTBESTE BOLOGNESE

FÜR 8 PORTIONEN

3,5/4,5 LITER

LOW **8 h** | HIGH **4 h**

PREP **20 min**

- *2 Zwiebeln*
- *1 Möhre*
- *1 Stück Knollensellerie, etwa 100 g*
- *50 g Räucherspeck*
- *1 Knoblauchzehe*
- *4 EL Olivenöl*
- *1 kg Hackfleisch, gemischt*
- *150 ml Fleischbrühe (auch aus Instant)*
- *100 ml Rotwein (alternativ 1 EL roten Balsamico und entsprechend mehr Brühe)*
- *500 g passierte Tomaten*
- *400 g stückige Tomaten (Dose)*
- *100 g Tomatenmark*
- *Salz, Pfeffer*
- *getr. Oregano, getr. Thymian*

Zwiebeln und Möhre schälen, den Sellerie putzen. Alles mit dem Speck und dem Knoblauch ganz fein hacken (Zerhacker oder mit der Hand) und unter das Fleisch mischen.

In einer Pfanne das Olivenöl erhitzen und die Fleisch-Gemüse-Mischung bei hoher Hitze darin anrösten, bis es die rote Farbe verloren hat, und die Masse zu »Krümeln« geworden ist.

Fleisch-Gemüse-Mischung, Brühe, Rotwein, Tomaten, Tomatenmark und Gewürze in den Keramikeinsatz des Slowcookers geben, alles gut durchmischen und abschmecken. Den Deckel aufsetzen und auf Stufe LOW 8, auf HIGH etwa 4 Stunden garen.

TIPP

Wenn Sie einen großen Slowcooker besitzen, stellen Sie gleich die doppelte Menge her. Sie können die Sauce als Füllung für Lasagne verwenden oder portionsweise einfrieren.

Lecker & preisgünstig

ZUCCHINI-PAPRIKA-RELISH

FÜR 4 KLEINE GLÄSER

1,5/2,4 LITER

LOW **8 h** | HIGH **4 h**

PREP **20 min**

- *600 g Zucchini, grob geraffelt*
- *200 g rote Paprikaschote, fein gehackt*
- *200 g Zwiebeln, fein gehackt*
- *1 Chilischote, gehackt (optional)*
- *1 EL Salz*
- *1 TL Senf, scharf*
- *150 g Zucker*
- *100 ml weißer Essig (einfacher Tafelessig)*

Die vorbereiteten Gemüsesorten mit dem Salz mischen und über Nacht in einer verschlossenen Plastikschüssel im Kühlschrank Saft ziehen lassen. Am nächsten Morgen Flüssigkeit abgießen und das Gemüse gründlich ausdrücken.

Gemüse mit Senf, Zucker und Essig in den Slowcooker-Einsatz geben.

Auf Stufe LOW etwa 8 Stunden garen, auf HIGH sind es 4. Zum Ende hin (in der letzten Stunde) einmal umrühren und einen Kochlöffel zwischen Deckel und Topf klemmen, falls die Konsistenz noch zu dünn ist.

Fertiges Relish noch heiß in sterilisierte Gläser füllen und zuschrauben.

TIPP

Diese superleckere, süßsauere Beigabe isst man zu Käse, über Frischkäse, als Brotbelag oder als Grillsauce. Sie hält sich etwa 4 Wochen im Kühlschrank.

DR PEPPER BBQ-SAUCE

FÜR 8 PORTIONEN

1,5/2,4 LITER

LOW **8-9 h** | HIGH **4-5 h**

PREP **10 min**

- *330 ml Dr Pepper (Limo mit Kirschgeschmack, alternativ Cola)*
- *500 g passierte Tomaten*
- *1 gr. Zwiebel, feinst gehackt*
- *1 Knoblauchzehe, zerdrückt*
- *25 g brauner Zucker*
- *1 EL Senf (mittelscharf)*
- *1 EL Zitronensaft*
- *1 EL Worcestershire-Sauce*
- *1 TL Sriracha (oder andere scharfe Chilisauce, nach Wunsch mehr)*
- *Salz, Pfeffer nach Geschmack*

Alle Zutaten in den Einsatz des Slowcookers geben, durchrühren, vorsichtig mit Chilisauce abschmecken (die Schärfe intensiviert sich durch die lange Kochzeit).

Auf Stufe LOW etwa 8 bis 9 Stunden garen, auf HIGH sind es 4 bis 5. In der letzten Stunde ohne Deckel auf HIGH köcheln lassen, damit die Sauce etwas eindickt.

Noch heiß in sterilisierte Gläser abfüllen.

Diese süßliche Sauce nach US-amerikanischem Vorbild habe ich mild abgeschmeckt. Sie passt wunderbar zu Hackbraten, Pulled Pork – eigentlich zu allem Gegrillten.

Rauchig-scharfe BBQ-Sauce: *Statt 1 TL Sriracha 2 TL Tabasco verwenden und einen TL spanisches geräuchertes Paprikapulver oder etwas Rauchsalz verwenden.*

TOMATEN IN WÜRZÖL

FÜR 8 PORTIONEN

1,5/2,4 LITER

LOW -- | HIGH 2,5-3 h

PREP 5 min

- *500 g Kirschtomaten*
- *3 Zweige Rosmarin*
- *3 Zweige Thymian*
- *Chiliflocken nach Geschmack*
- *3-6 Knoblauchzehen*
- *1 TL Salz*
- *Pfefferkörner nach Geschmack*
- *200-400 ml Olivenöl (Tomaten müssen knapp bedeckt sein)*

Die Tomaten in den Slowcooker geben, die Kräuter obenauf legen und mit Salz und Pfefferkörnern würzen. Knoblauchzehen pellen, dazugeben, ebenso Chili, falls gewünscht.

So viel Öl aufgießen, dass die Tomaten fast bedeckt sind. Auf Stufe HIGH 2,5 bis 3 Stunden garen, bis die Tomaten schrumpelig aussehen, aber noch nicht zerfallen.

In sterile Gläser schichten, mit Öl bedecken und abkühlen lassen. Das übrig gebliebene Öl z.B. für Salatdressings verwenden.

Tomatensauce: *Für den 3,5-l-Topf 1,5 kg reife Tomaten zerkleinern, mit 200 g Tomatenmark, 1½ TL Salz, Pfeffer, 2 TL Zucker in den Einsatz geben, durchrühren. In einem separaten Topf 2 EL Olivenöl erhitzen, Würfel von 1 Gemüsezwiebel und 2 Knoblauchzehen glasig dünsten. Zu den Tomaten geben, mit Oregano und Basilikum würzen und 3,5 Stunden auf HIGH oder 7 bis 8 auf LOW garen. Sollte die Sauce dann noch zu flüssig sein, Deckel abnehmen und noch 1-2 Stunden auf HIGH garen, stündlich umrühren. Eventuell pürieren.*

Hinweise zu den Rezepten

Folgende Symbole, die Ihnen die Übersicht erleichtern, werden Ihnen bei den einzelnen Rezepten begegnen:

Bitte beachten Sie, für welche Topfgröße das Rezept ausgelegt ist, und rechnen Sie es gegebenenfalls für Ihr Gerät um (siehe Seite 33). Die Garzeiten sind sowohl auf LOW als auch auf HIGH notiert – suchen Sie sich den Wert aus, der am besten zu Ihrem Kochalltag bzw. Ihrer Abwesenheit von zuhause passt.

Geeignete Topfgröße

Garzeit in LOW oder HIGH

Vorbereitungszeit

Abkürzungen:

EL ... Esslöffel, gestrichen voll
TL ... Teelöffel, gestrichen voll
l ... Liter
ml ... Milliliter
g ... Gramm
TK ... Tiefkühl-
getr. ... getrocknet
gr. ... groß
geh. ... gehäuft, auch: gehackt
kl. ... klein
zerdr. ... zerdrückt
h ... Stunde(n)
Std ... Stunde(n)
min ... Minuten

Gabriele Frankemölle ist berufstätige Mutter und wundert sich schon lange, dass 80 Prozent der britischen und US-Haushalte mit einem Slowcooker kochen, aber das Gerät hierzulande ein Schattendasein fristet. Dabei ist der Schongarer ein ideales (und günstiges) Küchengerät für Familien und Berufstätige: Ohne Aufsicht, ohne Umrühren oder Anbrennen schmurgeln darin herrliche Gerichte.

Dieses Buch liefert kompaktes Grundwissen zum Langsam-Garen und viele leckere Rezepte – von Klassikern über internationale Favoriten bis hin zu Kuchen und Saucen.

Besuchen Sie die Autorin auch auf ihrer Homepage https://slowcooker.de/

Sie schauen lieber zu als zu lesen?
Die Autorin hat einige der »Slowcooker Basics« auch verfilmt. Sie finden die Grundlagen-Videos und Rezeptclips bei YouTube im Kanal »Langsam kocht besser« (https://www.youtube.com/user/gfra100/).

gabi_fra_usa

langsamkochtbesser

langsamkochtbesser

Register

Alphabetisches Rezeptverzeichnis

1. Auflage

ISBN 978-3-8094-4748-1

Dieses Buch ist eine leicht gekürzte Ausgabe des Titels: Langsam kocht besser 3.0: Das neue Grundkochbuch für Slowcooker und Schongarer

Umschlaggestaltung: Atelier Versen, Bad Aibling
Herstellung: Elke Cramer
Bildredaktion: Sabine Kestler
Projektleitung: Anja Halveland
Fotografie: Gabriele Frankemölle
Illustrationen von shutterstock: 35 (Anna Turaeva),
51, 91, 105, 119 (Natalia Hubbert), 127 (mimony)
Social Media Logos: Adobe Stock / Julien Eichinger
Cover: StockFood / Eising Studio - Food Photo & Video;
Depositphotos / IriGri, BozenaFulawka
Portrait Seite 6: Thomas Trute

Satz: Satzwerk Huber, Germering
Druck: PBtisk a.s., Pribram Printed in Czech Republic

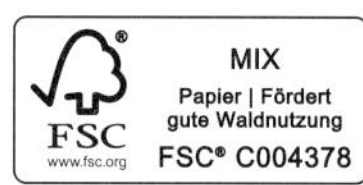

Penguin Random House Verlagsgruppe FSC® N001967

Mehr Rezepte für den Slow Cooker

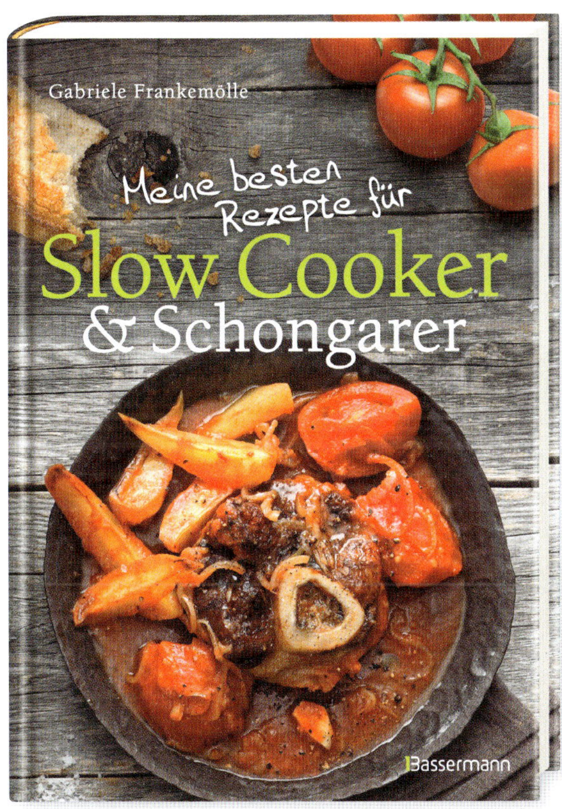

128 Seiten | durchgehend bebildert
ISBN 978-3-8094-3843-4

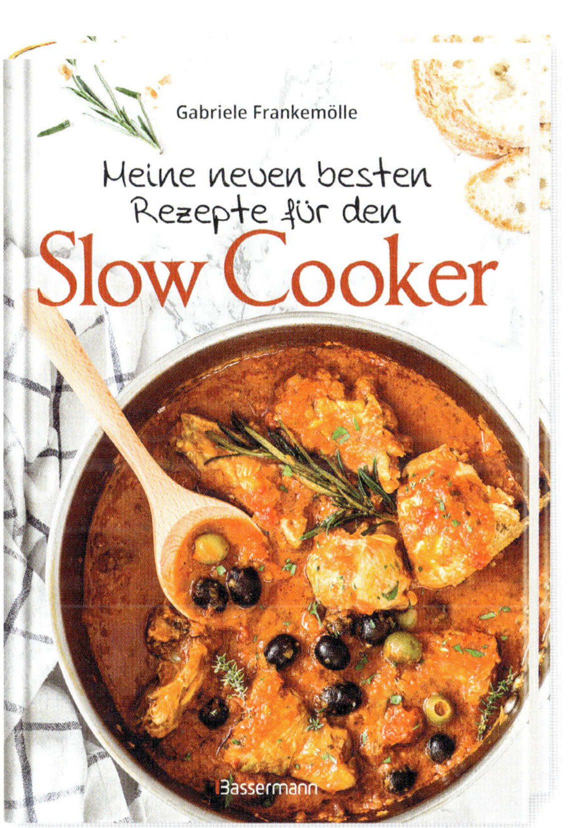

128 Seiten | durchgehend bebildert
ISBN 978-3-8094-4552-4

Besuchen Sie uns auch auf 

www.bassermann-verlag.de